加来耕三の
戦国武将
ここ一番の決断

はじめに

「戦国」という時代を生きた武将たちは、例外なく人間の本性《ほんしょう》について、嫌《いや》というほど気づかされた人々であったに違いない。

言葉としては、中国にもあった。その年代は「春秋」に継ぎ、楚漢の興るときに終わる、およそ二百四十余年を指した。否、「戦国」は中国から輸入したタイトルといってよかったろう。

日本では、応仁元年（一四六七）の〝応仁・文明の乱〟から、織田・豊臣時代の間を定義している。

身分や出自にしばられていた中世社会を脱して、実力だけで下位の者が上位の者をおしのけて、威勢をふるった〝下剋上〟の時代――人間が本来もっている、眠れる底力が湧きあがり、宙空にあって最も輝いた世紀は、なるほど魅力のある時代といえるかもしれない。

加えて、史料を調べていると、未知なる事実に出くわし、思わぬ景色にめぐり合うことが今なお、少なくない。

日本人が戦国時代を好きなのも、大いにうなずける。また、今日にまで応用のきく不変の生き方を、そこに学ぼうとするのも理解できた。

だが、巷間、創られた小説の類《たぐい》や史料的裏付けのとれない物語が、あまりにも氾濫《はんらん》しすぎている。そのためであろう、歴史上の人物を誤解、錯覚している人が、今なお少なくない。

そうした創作された武将たちを鵜呑《うの》みにしても、その人物から真に、何事かを学ぶことはできない。ぜひにも、一考していただきたい。

アホで馬鹿で大うつけで、周囲から軽んぜられ、嫌われていた織田信長が、やがて「天下布武」をやった、などという飛躍するだけで中味のない物語――小説に書かれたような信長が史実ならば、なぜ、桶狭間の戦いに、織田軍は三千弱もの兵力を集結し得たのか――いくら丹念に、歴史小説を読み込んでも、戦国の実像はつかめない。やはり、史実にこそ学ぶべきであろう。

歴史の栄光は、史実に立脚した人物像にこそある、と筆者は信じてきた。本書は可能なかぎり文献にあたり、事実関係を吟味し、真実の戦国武将たちの生き方を、さらに踏み込んでのエッセンスを、具体的な噺《はなし》にまとめたものである。目次を開いて、関心のあるところから読みはじめていただければと思う。必ずや日々の生活、仕事上でのヒント、大いなる励ましと反省が、そこにはあるはずだ。

併せて、自分が戦国時代に生きていたら、どの武将のタイプであったかを考えてみられるのも面白い。これまで認識してこられた人物像と、異なる発見も多々あるかと思う。

読者諸氏には楽しみながら、戦国時代を往来してもらい、人間の本性に思いを馳せていただき、今日より厳しい明日を生き抜く、活力としていただければ、著者としてこれにすぎたる喜びはない。

より戦国武将を極めたいと思われた読者には、巻末の拙著＝参考文献をご覧いただきたい。

なお、本書を執筆するにあたっては、各章扉と一部肖像不明の人物の挿画を、日本画家の中村麻美さんに描いていただいた。前作につづく出版の機会をいただいた、滋慶出版つちや書店（前名・土屋書店）の出版事業部統括部長・櫻井英一氏とともに、この場を借りてお礼申し上げる次第です。

平成二十七年十一月吉日　東京・練馬の羽沢にて　加来耕三

もくじ

第一章　個性必ずしも是々ならず

第五章　生き残りに奇策なし

プロフィールの見方

①生没年　②享年　③出自等　④ゆかりの地　⑤墓所

第一章

個性必ずしも是々ならず

金銀はわれよりのち、三代まで大切にせよ。
三代目の時には、全関東を併合すること疑うべからず。
されば、四代目は巨大な国力の余慶をもって支配するものなれば、
金銀はさほど蓄えるには及ばぬ。

【伊勢宗瑞（北条早雲）】

伊勢宗瑞《いせそうずい》（北条早雲）

Profile

①永享4年（1432）？～永正16年（1519）　②88歳？　③室町8代将軍・足利義政の申次衆、伊勢盛定の子との説あり。後北条氏の祖　④伊豆国韮山城（現・静岡県）、相模国小田原城（現・神奈川県）　⑤早雲寺（現・神奈川県箱根町）

〝忍耐〟こそ、生き残りの秘訣

五代九十五年にわたって、関東に覇を唱えた北条《ほうじょう》氏の初代・北条早雲《そううん》――正しくは、伊勢新九郎、号して宗瑞《そうずい》が登場したことで、日本史は一挙に戦国時代の幕を切って落とした、といってよい。

別な言い方をすれば、これ以降の世の中が、乱世の〝下剋上〟となったわけだ。それまでは、父祖が守護や守護代の地位にあったとか、中央の公卿や室町将軍家の一門であるとかの、身分や門地が世に際立つ拠《よ》りどころであった。

だが、宗瑞の立場は微妙である。

守護・守護代の出自ではない。室町幕府政所執事《まんどころしつじ》・伊勢氏の一族で、備中国荏原《えばら》郷（現・岡山県井原《いばら》市）を中心に所領をもつ備中伊勢氏の庶子・伊勢盛定《もりさだ》が、早雲の父だ、と近年では考えられることが多い。

この盛定は、本家の伊勢貞国《さだくに》の娘を妻としていたものの、宗瑞の前身が「伊勢盛時《もりとき》」と呼ばれた人物であれば、彼は盛定の次男であり、室町幕府九代将軍・足利義尚《よしひさ》（八代将軍義政《よしまさ》・日野富子の息子）の申次衆《もうしつぎしゅう》をつとめ、将軍親衛の奉公衆にも参加していたことになる。

つまり、武家貴族ではあったが、超一流の出自とはいえない。

加えて、京都を灰燼《かいじん》に帰《き》した中世最大の内乱＝応仁・文明の乱（一四六七～七七）の洗礼を受け、〝権威〟がことごとく否定された乱世にほうり出された彼は、駿河（現・静岡県中部）の今川氏――守護・今川治部大輔義忠《じぶのたいふよしただ》の内室・北川（北河）殿をたよった当時、多少の出自はあれど、明らかに牢人者の境遇でしかなかった。

宗瑞はそうした、実にか細い境遇からスタートし、今川家の客将となり、やがて伊豆（現・静岡県伊豆半島と伊豆諸島）・相模《さがみ》（現・神奈川県の大半）両国を領有。子孫にいたっては、関東の大半を支配する戦国大名となった。

この成功は、いかなる秘訣によってもたらされたのであろうか。

要因はいくつか考えられたが、その根本は〝忍耐〟の一言に尽きたのではあるまいか。逆境における忍耐――言うは易《やす》くおこなうに難いこの営みを、宗瑞は人生のほぼ半ば以上、持続させたことになる。

戦国のスタートを切った武将の正体

　群雄が割拠し、領地を獲得すべく鬩《せめ》ぎあう戦国乱世の幕開け、応仁・文明の乱がひとまず終息をみたとき、『寛政重修諸家譜《かんせいちょうしゅうしょかふ》』や『関八州古戦録』の述べる、宗瑞享年八十八が正しければ、彼はすでに四十代半ばとなっていた。

　人間の寿命が、五十年あるか無いかの時代である。四十代半ばなれば、乱世に戦《おのの》きつつ、隠遁《いんとん》生活を心がけてもおかしくない年齢であった。

　ところが宗瑞は、この頃から野心を抱いて、新天地・駿河へ向かう。

　駿河の守護・今川義忠の妻・北川殿は妹（叔母、姉とも）であり、その北川殿の産んだ龍王丸《たつおうまる》は、宗瑞にとって甥にあたった。

　その血脈の縁にすがり、駿河へ腰を落ち着けたものの、このままでは今川家の食客にはなれても、先は知れている。宗瑞はどうしたか――ただ、ひたすら〝何か〟が起こるのを待った。己れの力量のほどを、今川家中の人々に示し得るものであれば、何でもよかったのかもしれない。

ここで重要なのは、彼は自らが何事かを惹起《ひきおこ》すといった、軽はずみな行動を決してしなかったことだ。

文明八年（一四七六）正月、今川義忠が遠州塩買坂《しおかいざか》（現・静岡県菊川《きくがわ》市）で一揆のために討死を遂げる。後継者の龍王丸が幼少であったため、今川家はにわかに家中が二つに割れて、対立することとなった。

宗瑞は和睦を働きかけ、義忠の従弟である今川小鹿新五郎範満《おしかしんごろうのりみつ》の、暫定的家督を認めた。そうしておいて、再び忍耐に徹し、時を待つ。

すると、範満を堀越《ほりごえ》公方・足利政知《まさとも》（義政の庶兄）と共に後援してきた、相模国の守護であり関東管領の一《いっ》・扇谷《おうぎがやつ》上杉家の家宰で実力者の太田道灌《どうかん》（資長《すけなが》）が、主君・上杉定正《さだまさ》に謀殺される事件が起きる。宗瑞はこれを踏まえ、長享元年（一四八七）に範満を討ち、龍王丸を元服させて、新五郎氏親《うじちか》と名乗らせることに成功する。

この一件での忠功を賞された宗瑞は、富士郡下方《しもかた》ノ庄（現・静岡県富士市）と駿東《すんとう》郡興国寺《こうこくじ》城（現・静岡県沼津市）を賜った（別の城説もある）。

彼は興国寺城を居城とすると、政令を発して領民の疾苦《しっく》（悩み苦しみ）の状況を調査し、賦税《ふぜい》を軽減するとともに農業を奨励した。そして蓄えてあった金銭についても、遠近の距離にかかわりなく低利息で貸与している。

延徳三年（一四九一）から明応四年（一四九五）にかけて、出家した北条早雲こと伊勢新九郎は、ここで正しくは「早雲庵宗瑞」を名乗る。

彼はこの時、幕府権力からの自立を決断した。

宗瑞は力を蓄えながら、さらなる忍耐をつづけ、次に伊豆を狙うのであった。

部下の台頭を読み切れなかった

武《たけ》田《だ》信《のぶ》虎《とら》

Profile

①明応3年(1494)～天正2年(1574) ②81歳 ③武田信縄嫡男。信玄の父。甲斐源氏の宗家。武田氏18代当主 ④甲斐国躑躅ヶ崎館(現・山梨県)、信濃国高遠城(現・長野県) ⑤大泉寺(現・山梨県甲府市)

名将の蹉跌

後世に語り継がれる甲斐（現・山梨県）の守護・武田信虎《のぶとら》（信玄の父）の像は、信玄びいきの反動であろう、史実に吟味されぬまま、一方的な暴君、人非人《にんぴにん》と決めつけられてきた。

しかしその実像は、真に名将の名にふさわしいものであり、筆者は合戦

部下の台頭を読み切れなかった

の巧者としては戦国期、五本の指に入れてもおかしくない、と考えてきた。

応仁・文明の乱以降、本格化した乱世＝下剋上の中で、守護大名の武田家は命脈を保っているのがやっと、の有様に成り下がっていた。信虎の父・信縄《のぶつな》にいたっては、自らの館《やかた》を再建する力もなく、領土を国内の土豪・国人たちに横領されても、兵を出して鎮圧することすらできなくなっていた。

こうした累卵《るいらん》の危機の中で、十四歳の信虎は国主を継いでいる。

以来、生き残りをかけて彼は、国内における反対勢力と戦うことになった。ときに奇襲し、ときに和睦を求め、信虎は相手を油断させ、寡兵で大軍を破る戦術で、反対派を各個撃破していく。

その活躍の成果が、川田館《かわだのやかた》（現・山梨県甲府市川田町）から、現在の甲府市古府中町に「躑躅《つつじ》ヶ崎館」を建設して、移ったことに表われている。

――大永元年（一五二一）九月、その信虎が未曾有の危機に直面した。駿河《するが》と遠江《とおとうみ》（現・静岡県西部）に勢力を保有する今川氏親《いまがわうじちか》の部将・福《く》島正成《しままさなり》（北条綱成《つなしげ》の実父）の率いる二国の連合軍一万五千（実数は七千程か）が、突如、富士川を北上して甲斐へ進攻を開始したのである。

正成は、瞬《また》く間に甲斐南部を制圧。十月十五日の早朝には、府中（現・山梨県甲府市）へ進撃をはじめたが、迎え討つべき信虎の兵力は、どれほど懸命にかき集めても、実数は二千に満たなかった。

もし、正成の軍勢がそのまま怒濤《どとう》のように、躑躅ヶ崎館へ一気に押しよせれば、信虎はひとたまりもなく押し潰されたに違いない。

結果、日本史はここで大きく方向を変えた、といえる。だが、信虎は慌てなかった。冷厳に、あくまで理詰めで、この最低最悪の状況分析をおこない、圧倒的な不利を奇襲攻撃で有利に逆転させるべく、懸命に心を砕い

部下の台頭を読み切れなかった

た。敵は数に驕《おご》って、油断している。その証左に、翼をひろげたように、横に延びきった陣型をとっていた。

信虎は果断にも、その中央を突破する。包囲殲滅《せんめつ》される前に、弓を射《い》かけ、投石をおこない、二千人の自軍を死に物狂いに働かせて、見事に今川勢の陣型を突き破った。そのうえで、今度は反対方向から突っ込んだ。

陣を支えられなくなった正成は、本陣を一度退却させたが、戦死傷者は後を絶たない有様となる。まさかの敗戦に血相をかえた彼は、数をたのんで、躑躅ヶ崎館を二方向から挾撃《きょうげき》、包囲する作戦に出た。

信虎の凄味は、この正成の動きを的確に予測していたところにもあった。

敵が分散し、二分の一になったところを逆に利用して、十一月二十三日、上条河原《かみじょうがわら》（現・甲斐市島上条《かいししまかみじょう》）へ駒を進め、一気に雌雄を決すべく夜襲戦に討って出た。この一戦で、地形に疎《うと》い今川勢は再び不意を衝かれ、六百人以上の戦死者と四千人を上回る負傷者を出し、ついには主将正成の首級《みしるし》もあげられてしまった。

後世、「福島乱入事件」として語られるこの一戦は、名将信虎ならではの勝利といえるに相違ない。

しかしこの名将も、一つだけ、そのあと大きな失敗をしてしまった。

時世が下剋上に移り、甲斐の国人たち——のちに、武田家二十四将と称された——が、各々、自分たちの権利を主張し、独立の気運を心底に、強く抱いていることに気がつかなかった。

あるいは、自身が強すぎたがゆえに、慢心したのかもしれない。

やがて今川家に追われた信虎は、天正二年（一五七二）三月五日、信濃高遠（現・長野県伊那市）にて八十一歳の生涯を閉じる。

権謀術数と閨閥作りを専らとした

毛利元就《もうりもとなり》

Profile

①明応6年(1497)～元亀2年(1571) ②75歳 ③吉田郡山城主・毛利弘元の子。長男は毛利隆元、次男は吉川元春、三男は小早川隆景 ④安芸国吉田郡山城(現・広島県) ⑤吉田郡山城跡内(現・広島県安芸高田市)

中国地方を制した秘訣

戦国武将の生涯を調べていると、ときに思い込みの間違い、史実の〝意外性〟に出会う。

たとえば、敵に対する殺戮《さつりく》の凄まじさなどから、それによるストレスを勝手に連想し、

「多分、この人は短命であったろうな」

などと思い込んだ人物が、実はそうではなく、長寿であったことに驚かされることがままある。

長寿といえば、信州の真田信之《さなだのぶゆき》（幸村《ゆきむら》＝正しくは信繁《のぶしげ》の兄）は九十一歳。細川ガラシャの夫・忠興《ただおき》は八十三歳。九州の雄・鍋島直茂《なべしまなおしげ》は八十一歳。後世に天下のご意見番となった、大久保彦左衛門（忠教《ただたか》）は八十が享年であった。

戦国きっての梟雄《きょうゆう》として、東の武田信玄と比すべき、西の毛利元就《もうりもとなり》でさえ、七十五歳まで生きていた。当時としては、極めて長寿の部類である。

毛利氏が拠《よ》った安芸国吉田荘（現・広島県安芸高田市《あきたかだ》）は、石見（現・島根県西部）と備後（現・広島県東部）を南北につなぐ山間《やまあい》の小さな荘であったが、この頃は交通の要衝《ようしょう》であるとともに、文化的水準のきわめて高い地域でもあった。

ただ、毛利氏において元就の兄・興元《おきもと》が家督を継いだ明応年間（一四九二〜一五〇一）の末期には、この家はいまだ国内に蟠踞《ばんきょ》する、三十余の国人領主の一つにしか過ぎなかった。

当下《とうか》の中国地方は、出雲国（現・島根県東部）に拠り、七ヵ国を勢力圏とする尼子《あまご》氏と、代々の本拠・周防国（現・山口県南東部）山口を中心に六ヵ国を統治する大内氏の勢力が拮抗していた。安芸（現・広島県西部）や備後の国人たちは、ときには尼子氏の幕下にはせ参じ、あるときは大内氏の軍門に降りながら、必死に自己勢力の保持に努めなければならなかった。

そうした時期に、毛利氏の当主・興元が、永正十三年（一五一六）八月、二十四歳の若さで没してしまった。死因は「酒害《しゅがい》」とある。おそらく、暴飲がたたったのであろう。

興元亡きあとの家督は、わずか二歳の嗣子・幸松丸《こうまつまる》が継承し、興元の弟・元就が後見することとなった。が、大永三年（一五二三）七月、その幸松丸も九歳にして夭逝《ようせい》してしまう。興元にはほかに、男子はいなかった。

そのため二十七歳の元就が、はからずも毛利宗家を継ぐこととなる。

翌四年、元就は、尼子氏の重臣たちによるクーデター未遂事件（元就を排除して、異母弟・相合《あいおう》元綱を擁立しようとした）を契機に、これまでの尼子氏の傘下を離れ、同五年正月、大内氏に服属した。天文六年（一五三七）十二月、元就は十五歳の嫡子隆元《たかもと》を人質として山口へ送っている。

大内氏の被官（家来）となった元就は、かねてから目論んでいたところの、備後表《おもて》の新領地獲得に、これまで以上に積極的に動き出す。

まずは、尼子氏についている有力豪族を滅ぼすと、その所領を手中に収め、元就は瞬く間に尼子氏麾下《きか》の七城を陥としたという。

権謀術数と閨閥作りを専らとした

もっとも、元就という人物は、己れの勢力圏を拡張するのに、武力のみに頼ることはなかった。否、むしろ権謀術数と閨閥《けいばつ》作りを専《もっぱ》らとした、といっても過言ではあるまい。

大内氏に服従することとなった年の六月、大内氏に居城を攻められた安芸米山《こめやま》城主・天野興定《あまのおきさだ》に、元就は和平を周旋し、興定を毛利氏に属させたが、このとき自家の家臣・志道広良《しじひろよし》に、興定と兄弟契約を交えさせている。

また、それ以前の天文二年には、元就の郡山城にほど近い、甲立五龍城《こうたちごりゅう》主・宍戸元源《ししどもとよし》と和を結ぶと、翌年正月には自身が五龍城を訪れ、年頭の挨拶とともに、早世した元源の嫡男元家の遺子・隆家《たかいえ》（元源の孫）に己れの長女を娶《めあわ》せていた。元就は、隆家をも毛利氏の支柱と位置付ける。

天文十五年十二月、元就は家督を長子の隆元に譲った。ときに元就は五十歳、隆元は二十四歳であった。

そして着手したのが、天文十九年の、次男元春《もとはる》による吉川《きっかわ》氏相続であり、話は前後するが、これより前の天文十三年、三男の隆景《たかかげ》を竹原小早川家に養子として入れていた（天文十九年に沼田小川早家もあわせる）。これらはいずれも、元就得意の謀略によるものであった。安芸国人の、一方の雄であった小早川、吉川の両氏を、その支配下に置いた元就は、以後、この二つの家を〝毛利両川《りょうせん》〟と称して、毛利氏を支える柱としたのであった。

毛利家を強化した元就は、天文二十四年九月には厳島《いつくしま》の合戦で、主君の大内義隆《よしたか》を弑逆《しいぎゃく》した陶隆房《すえたかふさ》（晴賢《はるたか》）を降《くだ》すと、その二年後には、晴賢の傀儡《かいらい》となっていた大内義長《よしなが》（大友宗麟《おおともそうりん》の実弟）を滅ぼした。ときに、元就六十一歳であった。

この一代の梟雄が、黄泉《よみ》の国へ旅立《たびだ》ったのは、元亀二年（一五七一）六月十四日のことである。享年は、七十五になっていた。

主君信長に頼りすぎて先を見誤まった

滝川一益《たきがわかずます》

Profile

①大永5年（1525）～天正14年（1586）②62歳 ③甲賀（現・滋賀県甲賀市）の国人の子と伝わる ④尾張国蟹江城（現・愛知県）、伊勢国伊勢長島城（現・三重県）⑤妙心寺長興院（現・京都府京都市）

上司依存型の長短

「織田家」の五方面軍司令官のうち、三位にランキングされている滝川一《たきがわかず》益《ます》（いちます、とも）は、信長が領外からスカウトした最初の逸材であった。出身は、近江国甲賀（現・滋賀県甲賀市）――諸国を巡る山伏とも、忍びの者であったともいわれている。一説に、人を斬って故郷を出奔《しゅっぽん》したのを、織田家の筆頭家老である柴田勝家が、主君の信長に推挙したという。

ともあれ、信長は一益の出自《しゅつじ》を問わず、その人物のみをみて、召し抱えるやわずかな期間に登用・抜擢をくり返した。

なにが、信長の眼鏡にかなったのであろうか。

まず一益は、こまごまとした諜報活動が巧みであった。甲賀の忍びや諸国に出かせぎにいく伊賀者とパイプをもち、得がたい他国の情報を仕入れては、信長に伝え、喜ばせ、己れの担当する戦局にも、それらを大いに活用した。

おかげで一益は、〝常勝将軍〟のように敵味方から畏敬され、一度として手ひどい敗戦を経験することはなかった。

第二に、彼の性格は前線の指揮官として勇猛であり、謀略の狡智《こうち》さにも長《た》けていた。そのため、先鋒としても期待され、引きぎわの殿軍《しんがり》においてもも手際がよく、味方は一益が殿軍にいると、安心して退却することができたという。

さらに三つ目として、彼は根っから働くことの好きな人物であったことがあげられる。

戦場から戦場へ、休む暇もなく主君信長にこき使われたが、一益はそれを厭《いと》わずに働き、与えられた仕事に己れの器量と名誉を喜々として賭け、それでいて、結果としての利益、打算を求めなかった。

天下平定の目処《めど》がついたころ、信長は一益を関東方面軍司令官から、格式ある室町幕府の役職「関東管領」に任命。広域に及ぶ鎮撫《ちんぶ》・独裁権を与えた。かつて上杉謙信や〝後北条〟の代々が、懸命に手に入れようとした名誉ある地位である。

ところが一益は、この栄誉より趣味の茶道の、茶入れ「珠光小茄子《じゅこうこなす》」一個の方が欲しかった、と人前であからさまに落胆したとか。

――純然たる、理想的な武人であった、といってよい。

だが、一益の欠点は意外にも、この優秀な武人ぶりの中に潜んでいた。

一言でいえば、一益にとって信長は絶大でありすぎたようだ。無理もない。一介の逃亡者から、織田家の最高幹部の一人にまで、引き上げてもらった恩人である。

そのため一益は、〝考えること〟すべてを信長に頼り切った。

政略・経略の最高方針の決定は信長に委ね、己れは与えられた一部＝局地戦にのみ専念してきたため、時勢や自己の将来についての見通しを、一益は皆目もたずにきてしまった。信長が存命でありつづけていれば、彼のポストは不動のものであったろう。

しかし、一寸先は何が起こるかわからない。本能寺の変が勃発した。

主君信長に頼りすぎて先を見誤まった

信長が横死すると、一益は一度にすべてのものを失ってしまう。主君の死が、これほどこたえた家臣というのもいなかったのではあるまいか。関東にあって、北条氏と互角に戦っていた一益の軍勢は、瞬時に四散し、結果として自らも破れ、一益は畿内へ逃げ帰った。

彼は、自信を喪失する。

確たる見通しも、冷静な分析もないまま、亡き主君信長の位置に、上席の柴田勝家をあてはめ、これに与《くみ》して下位の羽柴（のちの豊臣）秀吉と戦った。勝家は敗北し、北ノ庄で自刃したが、一益は自ら守備した長島城をついには守り抜いている。やはり軍将としての才能は、一流であったようだ。その後、秀吉に降伏。その部将となった一益は、近江国内に五千石を拝領している。

秀吉と家康が戦った小牧・長久手の戦いにも、一益は出陣したが、まかされた兵力が少なすぎて、何ほどの活躍もしていない。

戦後、一益は改めて三千石を与えられ、越前大野（現・福井県大野市）に引退。

天正十四年（一五八六）九月九日、六十二歳で没している。

長子一忠《かずただ》は秀吉に追放され、次子一時《かずとき》は一万二千石を別にもらい、のちには徳川家康に仕えたが、二千石を拝領したのみで、関ヶ原の戦いの後、三十六歳で亡くなっている。

信長の存命中が、あまりにも華々しかっただけに、晩年はまるで別人のような一益であったが、今の世にもこのタイプの人は少なくない。

一益型の人材は、一心に仕えていたトップがその地位を去ったなら、自らも潔く、引退したほうがいいのかもしれない。

強い保守性から脱皮できなかった

上杉謙信《うえすぎけんしん》

Profile

①享禄3年(1530)～天正6年(1578) ②49歳 ③越後国守護代長尾為景の子。諱は景虎、政虎、輝虎。関東管領 ④越後国春日山城・同国栃尾城(ともに現・新潟県) ⑤上杉家廟所(現・山形県米沢市)

名将の玉に傷ず

享禄三年（一五三〇）正月二十一日、上杉謙信（長尾景虎《ながおかげとら》）は越後（現・新潟県）守護代・長尾為景《ためかげ》の末子《ばっし》として生まれた。幼名は虎千代といったが、彼は生涯、環境の変わるごとに名を変えている。

景虎・政虎・輝虎——謙信は、入道したのちの号である。

そもそも、家を継ぐ立場になかった謙信は、戦国の世の習いで、七歳のおり、春日山城下の林泉寺《りんせんじ》に預けられ、名僧・天室光育《てんしつこういく》の教えを受けて成長する。この年（天文五年＝一五三六）、父・為景が没し、長兄晴景《はるかげ》が家督を相続したので、父の菩提《ぼだい》を弔う意味合いも、あったのかもしれない。ところが運命は皮肉なもので、このとき林泉寺で植えつけられた人間教育が、その後において、武将に返り花となった謙信に強い影響を与えつづけることになる。

国主となった晴景には、残念ながら領内を鎮《しず》める力量が乏しかった。そのため謙信は十四歳になるや、待ちかねたように春日山城へ呼び戻される。以後、栃尾《とちお》城に拠って、中越地方を平定する役割を担わされることとなった。

しかし、あまりにもめざましく活躍する謙信に、晴景や上田《うえだ》庄坂戸《のしょうさかど》城主・

強い保守性から脱皮できなかった

長尾政景《まさかげ》（謙信の姉婿）は警戒の目を向けるようになり、双方は対立。

その結果、天文十七年に守護・上杉定実《さだざね》の仲介により、晴景は三十七歳で隠居し、謙信を養嗣子《ようしし》としてこの弟に、家督を譲ることとなった。

だが、坂戸城の政景は依然として抵抗を止めない（政景が謙信に臣服したのは、それから三年後）。

天文二十三年十二月、北条城主《きたじょう》・北条高広《たかひろ》が謙信に背き、甲斐（現・山梨県）の武田信玄に内応したため、天文二十四年正月、謙信は北条城を包囲して高広を降したが、この高広も許されて本領を安堵《あんど》され、のちには上野厩橋《まやばし》城代にまで抜擢《ばってき》されている。

このようにみてくると、謙信は下剋上の時勢にそぐわない、きわめて寛容な武将であったことが知れよう。

彼は二十四歳で上洛したおり、徹岫宗九《てっしゅうそうきゅう》に参禅して〝宗心〟の号を与えられ、同時に高野山にも参詣。真言宗にも、深く帰依《きえ》している。

これらは謙信の生涯において、出家遁世《とんせい》への憧憬《しょうけい》の強かったことを示すが、一方で彼は、周辺の敵から自領を脅《おびや》かされると、父祖代々の越後守護代としての立場にもどり、毅然颯爽《きぜんさっそう》と先陣に立った。

「毫《ごう》も天下に望みなし」

と、謙信はつねに領土欲のないことを断言しつつも、しかし、わが領土を侵す者があれば、

「戦場にのぞみて機をみて敵を破る。是《これ》、わが本分なり」

ともいった。

これなどは、彼の心底からの思い、と受け取ってよかったろう。

謙信にとって、神仏への尊崇が高邁《こうまい》な精神世界を確立する道ならば、国主としての地位保全は、人々の欲望を断ち切り、平定すべき現実の世界で

強い保守性から脱皮できなかった

あった。この精神世界と現実の狭間でバランスをとったのが、彼の〝義〟であり、越後国主、のちには関東管領《かんれい》としての大義名分による戦《いくさ》であった。

では、謙信の〝義〟とは、具体的にはいかなるものであったのだろうか。

もとの姿に戻す――すなわち、応仁・文明の乱以前の、〝下剋上〟を知らない分相応に人々が生きていた時代へ、もう一度戻す。それこそが、〝毫も天下に望み〟をもたなかった謙信の目的であり、武将としては信玄や織田信長とは明らかに相違していた点であった。

後世の人間からみれば、無暴な目的であり、あたら天才的戦術眼をもちながら、不可能な理想を追い求めつづけた謙信は、強い保守性から脱皮できなかった古いタイプの武将、と映る。

だが、新しい時代を開くことなど寸毫《すんごう》も考えなかった、その生き方は美しく、今もなお多くのファンを魅了《みりょう》している。

人も技術も鉄砲も〝道具〟としかみていなかった

織《お》田《だ》信《のぶ》長《なが》

Profile

①天文3年（1534）〜天正10年（1582） ②49歳 ③尾張国の小領主、織田信秀の子 ④尾張国清洲城（現・愛知県）、近江国安土城（現・滋賀県）、美濃国岐阜城（現・岐阜県） ⑤総見院（現・京都府京都市）ほか

最大の長所は最大の欠点

戦国の覇王・織田信長の特異さは、ほかの戦国大名とは異なり、形式や慣例・習慣に拘束されることなく、ただただ情報伝達の効率化――今風にいえば――これだけを求めつづけた点にあった、といえる。

その事実を、当時の最新兵器であった鉄砲に置き換えれば、判りやすい。

人も技術も鉄砲も〝道具〟としかみていなかった

種子島《たねがしま》に鉄砲が到来したおり、ときの領主・種子島時尭《ときたか》は、ポルトガル人に二千金（両）を支払って、鉄砲二挺を譲ってもらった。ついでながら、金一両は四・四匁《もんめ》であり十六・五グラム。二千金では三十三キログラムになる。金一グラムを仮に四千円の相場とすれば、一億三千二百万円。つまり、現在の貨幣価値に換算して、鉄砲一挺は六千六百万円であったことになる。

信長は二十歳のとき、舅で美濃（現・岐阜県南部）の国主でもある斎藤道三と会見するが、このおり鉄砲五百挺の隊列を従えていた、と太田《おおた》牛一《ぎゅういち》の『信長公記《しんちょうこうき》』は記している。さらに永禄十二年（一五六九）、信長三十六歳のおり、織田家では鉄砲衆を独立させて、軍を再編成していた。

その翌年の浅井・朝倉連合軍に対する姉川の戦いでは、信長直属軍だけで五百挺の鉄砲が確認されており、全体としては三千挺に近づきつつあったようだ。

――鉄砲は、弾丸がなければ用をなさない。

火薬もまた必要である。が、これらの大半は海外に依存しなければならず、当然、鉄砲を保有・維持することは高価についた。

また、鉄砲はいざという場合に、あわてて足軽に持たせても役には立たない。常日頃からの、調練が肝要である。したがって、一定の兵員を常雇し、専門的に鉄砲の操練にあたらせねばならなかった。そうした管理費、人件費とて、財政を大きく傾けたに違いない。

信長は高価な鉄砲を三千挺も保持し、三段撃ちの戦法をもって長篠・設楽原《しだらがはら》の戦いに勝利した、と一般にはいわれているが、以前の姉川の戦いですでに、二段撃ちがなされていたともいう（『武功夜話』）。

もっとも、長篠・設楽原の戦いで織田・徳川《とくがわ》連合軍が、武田《たけだ》軍に勝利し得たのは、鉄砲の運用方法＝三段撃ちにあったのではなく、圧倒的な火力

人も技術も鉄砲も〝道具〟としかみていなかった

＝鉄砲の数の差そのものだった、と筆者は考えている。

現に太田牛一の『信長公記』には、鉄砲の三段撃ちは一行も出てこない。国力に勝る戦術は、存在しないものだ。いずれにしろ信長は、時代の最先端をいく鉄砲の効率をより高め、「天下布武《ふぶ》」を推進したといえよう。

彼は、人も技術も道具としか見ていなかった。道具は便利なものほどよく、性能は高いにこしたことはない。

そのための改良・工夫も、信長はいとわなかった。幼い頃から鉄砲に親しみ、その有効性をいちはやく認識した彼は、軍事上の最重要項目に、この鉄砲の大量入手と改良、配置と効用をおいていた。

その考え方が、一代で天下統一へ王手をかけた、信長の「天下布武」の正体であったともいえる。と同時に、人をも道具として扱った彼は、明智光秀に本能寺で襲われることとなった。

忠義心厚い、敵の二重スパイを抜擢した

豊臣秀吉《とよとみひでよし》

Profile

①天文6年(1537)～慶長3年(1598)　②62歳　③尾張国中村出身。木下藤吉郎、羽柴秀吉と改名　④近江国長浜城(現･滋賀県)、摂津国大坂城(現･大阪府)、山城国伏見城(現･京都府)　⑤豊国廟(現･京都府京都市)

他人を使う心底

――「三ツ子の魂百まで」という古諺《ことわざ》がある。

幼いときに身につけた性格、本質は、大人になっても変わらない、との意だが、これは歴史上の人物を調べていても、常に実感することだ。

と同時に、人間の本性として、人物評をするおり、まずは腹に据えてお

忠義心厚い、敵の二重スパイを抜擢した

かねばならない真理といえよう。

断言してもよい。人間は例外なく、己れの生まれ育った環境から、生涯、抜け出すことはできない。いかに学問を修めようと、社会での経験・功績を積み重ねてみても、根の部分＝幼少年期の感性は変えようのない、変わりようのないものであった。

換言すれば、よほど酷似した環境でもないかぎり、人は他人を真に思いやることができない、理解することは難しい、ということになる。

もう一点――人間は己れの能力を超える他人を、元来、使えるものではない、という事実も知っておく必要がありそうだ。

人には嫉妬心もあれば、警戒心もある。己れより優れた人間を使う怖さを、自覚しないリーダーは失格といえよう。いずれ裏切られる、取って代わられると考えて当然である。いわば、これは人間関係の宿命のようなも

の。なのになぜか、多くの人々はこの道理から目を背《そむ》け、小手先のHOWTOモノにすがって、自らの危うさを誤魔化《ごまか》そうとする。

個々の本質が変わらず、人間に疑いの心がある以上、どだい己れより優秀な人物を、部下として使いこなせるわけがない。

が、歴史を紐解《ひもと》いてみると、この不可能を見事に克服し、後世に名を残した人物が存在した。たとえば、豊臣秀吉である。

出身が武家ではなく、門地にめぐまれず、たいして学問もしていない秀吉は、それでも見事に多くの人々を使いこなし、天下人と成り得た。なぜか。

この難問を考えるのに、格好な挿話が伝えられていた。

秀吉が織田家の部将として、中国方面軍司令官をつとめたおりのこと。敵方の播州三木城（現・兵庫県三木市）を攻めあぐんだ秀吉は、城将・別所長治《べっしょながはる》の家来である中村忠滋《ただしげ》を籠絡した。

恩賞と引き替えに、城内から手引きをする、と約束させ、忠滋はその証に已れの娘を人質に差し出した。

ところが、手筈《てはず》を整えて秀吉が城へひそかに兵を送ると、忠滋はそれらの兵を一人残らず討ち取ってしまった。

「約束が違うではないか」

激怒した秀吉は、忠滋の娘を磔《はりつけ》に処した。

やがて三木城は陥落、忠滋は捕らえられる。

秀吉は火焙《ひあぶ》りの刑にせよ、と命じた。当然である。しかし、その直後に、秀吉は翻意《ほんい》する。

「待て……。見方を変えれば、忠滋は主君のために娘まで犠牲にした忠臣ではないか。これを一時の感情で殺してよいものか。ひとまず助けてやれ」

助命した秀吉は、さらに熟考する。

「いや、それだけではいかぬ。三千石を与えよう」

周囲の者も、当の忠滋本人も、あまりのことに驚嘆した。

秀吉は他人に誇れる門地を持たなかったが、それだけに、己れの面子《メンツ》に
こだわる必要もなかった。突飛もない〝仁慈《じんじ》〟（いつくしみ恵む）を施しても、
誰も秀吉に諫言できなかった。

「育ちが育ちだから……」

この〝仁慈〟は、寛容と置き替えてもよい。

これだけが唯一、自分の能力を超えて他人を使う秘訣だということを、
秀吉は己がかいくぐって来た人生の実体験、修羅場で自得したようだ。

そうしなければ、先には進めない。明日はないということを、彼は知っていたのだろう。ここにも、人生の真実はあった。

しかし、実践できた人間は史上に少ない。

自家保全のため上司・柴田勝家を裏切った

前田利家《まえだとしいえ》

Profile

①天文7年(1538)～慶長4年(1599)②62歳 ③尾張国の豪族の子。加賀藩祖。豊臣政権五大老 ④加賀国金沢城(現・石川県)、能登国七尾城(現・石川県) ⑤野田山墓地(現・石川県金沢市)ほか

小早川秀秋との差

天下人となった豊臣秀吉をして、「おさなともだちより、りちぎを被成御在知候《ごぞんじになられそうろう》」（原文のまま）と遺言で述べられた前田利家は、加賀（現・石川県南部）、能登（現・石川県北部）、越中（現・富山県）の三ヵ国で、いわゆる〝加賀百万石〟

を領有。豊臣政権下では、二百五十一万余石の徳川家康につぐ大身の大名となった。

その石高の高さから逆にみて、利家は秀吉との友情、節義を喧伝《けんでん》され、世上、「律義者」と評されてきた。

——本当に、そうであったのだろうか。

確かに利家は、年を経るにしたがって、純朴な風韻《ふういん》と、戦場の中でたたき上げてきた経験則が、後輩の武将たちから慕われた。だが、自家が生き残るためには当然、〝至誠〟にはずれた〝裏切り〟もおこなっている。

天正十一年（一五八三）四月、亡き主君・織田信長の遺産をめぐって、柴田勝家と羽柴（のち豊臣）秀吉が対立した。

この時、利家は勝家陣営にあって、賤ヶ岳《しずがたけ》の全戦線を一望できる、有利な場所に布陣していた。もし、利家が勝家のために全力を傾けたなら、その後の歴史は随分と変わっていたに違いない。

ところが利家は、合戦の開始とともに自軍を勝手に後退させ、独断で戦線を離脱した。そのため、勝家方の諸将は浮き足立ち、これが全軍の崩壊につながってしまう。

何のことはない。このおりの利家の役割を、後年、〝天下分け目〟の関ヶ原の戦いで演じたのが、西軍につきながら味方を裏切った小早川秀秋《こばやかわひであき》であった。それでいて、歴史の評価は不条理だ。利家は「律義者」として歴史に名を残し、かたや秀秋は天下の卑怯者《ひきょうもの》として、後世まで罵倒されつづけている。

この両者の、天と地ほどに差のついた理由にこそ、乱世の生き残りの条件、人生のヒントとして使えるものがあるのかもしれない。

もとより利家の行動は、秀吉への友情などが起因ではなかった。

あくまで現実の過酷さ——味方の敗戦を読み、自家保全を考えてのことであったが、彼には秀吉との友情物語を創《つく》るだけの〝時間〟があった。

一方の秀秋は裏切ってほどなく、二十一歳でこの世を去っている。彼には自らを弁解する時間が与えられなかったのである。

加えて、利家はかつての上司・柴田勝家の潔《いさぎよ》さにも助けられていた。賤ヶ岳で敗れ、北ノ庄へ去る勝家は、利家を決して非難しなかった。

また、秀吉も懸命に〝友情〟を演出した。この二つに支えられ、創られた「律義者」は〝加賀百万石〟の藩祖となった。強《したた》かさと、嗅覚的な直感。しかも利家は、己れの分限、器を心得ていた。彼には、天下取りの野心がなかった。

家康同様に、〝大老〟として豊臣家を簒奪《さんだつ》できる立場にありながら、利家は豊臣家を守って家康と刺し違え、自ら死のうとまでしている。

しかし、彼はこの計画を実行には移していない。それどころか、己れの死が近付くと、

「――どうやら、これが暇乞《いとま》いでござるよ」

と、殺そうとした家康に、自家の後事を託している。

利家は嗣子《しし》の利長《としなが》に遺書をしたため、細々《こまごま》と訓戒したが、その中で次のように語っていた。

「いまより三年の内に、世の中に騒ぎが起きる。そのおりは秀頼公に謀叛つかまつる者を討て――」

利家は一言も、「家康を討て」とは遺言しなかった。

ここにも、この武将の本性がうかがえる。利家の死後、家康にいわれなき濡《ぬ》れ衣《ぎぬ》を着せられ、加賀征伐を標榜《ひょうぼう》された利長は、母の芳春院《ほうしゅんいん》（まつ）の助言を入れ、家康に膝《ひざ》を屈し得たのも、利家流の深謀遠慮といえよう。

そもそも秀吉はなぜ、利家を抜擢したのか。利家には佐々成政《さっさなりまさ》という好敵手がいた。秀吉はそれまで、二人を競わせて使っていた。

だが、二人の直属の、上司の地位にあった丹羽長秀が病死すると、利家か佐々か、いずれか一方を、長秀の地位に引き上げなければならなくなった。この時、秀吉は躊躇《ちゅうちょ》することなく利家を選択している。

理由はおそらく、「この男ならば、いかようにも処置できる」との自信にあったように思われる。

前田家はその後、三代に名君利常《としつね》（利長の弟）を得て、幕府の衆人環視のもと、〝加賀百万石〟の難しい舵《かじ》取りを巧みに、武から文へと転換させ、一方で〝加賀文化〟を見事に築き上げた。

他方では、一切の政治色を消し去った。これも源泉は、利家の体験的嗅覚にあった、と筆者は勘繰《かんぐ》るのだが、いかがなものであろうか。

世の毀誉褒貶に動じなかった

羽柴秀長《はしばひでなが》

Profile

①天文9年(1540)~天正19年(1591) ②52歳 ③尾張国中村出身。豊臣秀吉の弟。秀吉の補佐役 ④但馬国竹田城・同国有子山城(現・兵庫県)、大和国大和郡山城(現・奈良県)、紀伊国和歌山城(現・和歌山県) ⑤大納言塚(現・奈良県大和郡山市)

名宰相の条件

豊臣秀吉の弟・秀長《ひでなが》は、幼名を小竹《こちく》といい、長じて小一郎と称した。のちに大和郡山《やまとこおりやま》（現・奈良県大和郡山市）に居城を構え、その領国は紀伊《きい》（現・和歌山県と三重県の一部）・和泉《いずみ》（現・大阪府南西部）を加え、百十六万石を領有している。

〝大和大納言〟とも呼ばれた秀長は、秀吉麾下《きか》の大名としては、徳川家康に次ぐ大大名であったわけだ。ところがこの人物、「よく出来た方であった」という評価のある一方で、まったくの無能者であり、秀吉の弟ゆえの出世だった、と断じる者も少なくなかった。

実は、今もって秀長の評価は、両極端のままであるといってよい。

注目すべきは、天正十年(一五八二)六月二日の、本能寺の変直後における、秀吉の〝中国大返し〟であったかもしれない。

「退陣の殿軍《しんがり》は、御舎弟小一郎(秀長)様が指揮をとられることとなり」

と、『武功夜話』は記している。

〝中国大返し〟——秀吉は敵の毛利勢と対陣していながら、自軍を山陽・山陰の両道から、居城である姫路へと、旋回・撤退させた。

なにぶんにも大軍勢の、陣払いであったから、こうした場合の殿軍は至難であったといえる。

もちろん、秀吉の軍師ともいうべき黒田官兵衛による、毛利方土豪への調略、のちに毛利家の家臣・玉木吉保が述べた日記『身自鏡《みのかがみ》』によれば、五人の侍大将を除く、大半の者がすでに秀吉方に寝返っていた、との工作も功を奏していたが、撤退戦は偶発的に何が起きるかわからない。

もし、調略したはずの、毛利方の土豪に裏切られ、追撃されれば、最悪、秀吉は畿内の明智光秀とともに挾《はさ》みうちにされ、この世から消滅したかもしれない。この難局を秀長は立派に支え、兄を光秀との山崎の合戦＝主君信長の仇討ちへと繋《つな》いだ。ただの、凡将であった――とは考えにくい。

山崎の合戦に勝利した秀吉は、織田家の筆頭家老・柴田勝家をも討ち、主君信長の遺産を相続。ついには天下人を目指したが、その途上の天正十三年夏、秀長は兄の名代として、四国討伐の総大将にも任ぜられている。

八万余の軍勢を率いた秀長は渡海し、長宗我部《ちょうそかべ》元親《もとちか》の重臣・谷忠兵衛忠澄《ただずみ》の守る一宮《いちのみや》城を包囲したが、二十日たっても、これが落とせない。痺《しび》れをきらした秀吉は、自ら四国へ渡ろうとしたところ、秀長は、

「ここは自分に、一任してほしい」

と手紙を送り、珍しく兄の秀吉に自己主張をおこなっている。

彼には、己れの立場が自覚されていたようだ。ここで勝たねば、これからの時代、豊臣政権におけるナンバー・ツーとしての発言力を失う。

有能であったか否かはともかく、秀長は誕生したばかりの政権内において、公的立場の秀吉を補佐する重責を担ったことは間違いない。

結果論であるが、〝大和大納言〟としての秀長の存命中、豊臣政権は微動だにしなかった。それが天正十九年正月二十二日、五十二歳の秀長が病でこの世を去るや、ほどなく、並び称された千宗易《せんのそうえき》（利休《りきゅう》）もバランスを失っ

世の毀誉褒貶に動じなかった

て失脚し、政権は側近制から集団体制＝五奉行主導権型となり、やがて朝鮮出兵＝自壊の方向へと突き進んでしまう。

「世を挙《こぞ》って之《こ》れを誉《ほ》むれども、勧《すす》むることを加えず。世を挙って之れを非《そし》れども、沮《はば》むことを加えず」

これは道家の人、荘子《そうし》（荘周《そうしゅう》とも）――孟子と同時代か、少し遅れて活躍した人物――の手になる『荘子《そうじ》』（内篇）の言葉だが、「この人は世間中が挙《こぞ》って自分を称《たた》えたからといって、それで大いに励み勇んで、仕事に邁進することはない。が、反対に、世をあげて自分をけなしても、そのために意気がくじかれるかといえば、そういうこともない」との意。

つまり、世の毀誉褒貶《きよほうへん》に心を動かされなかった人物、というわけだ。

羽柴（のち豊臣）秀長という人も、あるいはそういう組織の、要《かなめ》のような人物ではなかったろうか。

〃妻〃を最善のパートナーとして大出世した

山内一豊《やまうちかずとよ》

Profile

①天文14年(1545) ～慶長10年(1605) ②61歳 ③尾張国の地侍・山内盛豊の子。土佐藩初代藩主 ④遠江国掛川城(現・静岡県)、土佐国高知城(現・高知県) ⑤真如寺(現・高知県高知市)

名馬は買わなかった

〃内助の功〃を尽くした賢妻として、戦国武将・山内一豊《やまうちかずとよ》(正しくは、かつとよ)の妻は戦前、修身の教科書にも取りあげられた女性であった。

――物語の大筋は、以下の如し。

織田信長の家臣であった一豊は、ある日、馬市で稀《まれ》にみる名馬を目にする。彼は、その名馬が欲しくてたまらなかったようだ。

「もし、あの馬があれば、近く信長さまがおこなわれる、馬揃《そろ》えでも、大いに面目をほどこすことができようものを……」

だが、如何《いかん》せん、先立つものがない。家にもどって、つい、妻の前でグチってしまった。「貧乏とは、かなしいものだな」と。妻はそれを聞き、はて、何事かと訝《いぶか》り、夫に事情を尋ねた。そして、

「その名馬の値《あたい》は、いかほどですか？」

と問う。一豊が十両だ、と溜息交りに答えると、妻は嫁入り道具の鏡奩《かがみばこ》に忍ばせてあった、黄金十両をもって、夫の前にあらわれる。

その金は、嫁ぐ日に母が持たせてくれたもので、〝いざ鎌倉〟——夫の一大事のときに使うように、と申しつけられていたものだという。

一豊はその金を押しいただき、名馬を購入。晴れて馬揃えの式に臨み、

信長から褒められ、加増を受けたという。

——実はこの挿話、すべてが創り話であった。

まず、信長の時代に、いまだ金貨は流通していない。黄金十両で馬を購《あがな》うことはできなかった。第一、信長の馬揃え＝天正九年（一五八一）二月二十八日の時点で、一豊は二千石の知行地を拝領している。いかに名馬とて、馬一匹が買えない身分ではない。ついでながら、一豊は信長の直臣《じきじん》になったことはない。木下（のち羽柴《はしば》・豊臣）秀吉の家臣である。信長からいえば、〝陪臣《ばいしん》〟（家臣の家来）と呼ばれた身分であった。

もともと、岩倉織田氏の信安《のぶやす》・信賢《のぶかた》の二代に仕えた、家老であった一豊の父、兄を殺したのが信長であり、その仇討ちを遂げるために、周辺の諸国を流浪した彼が、いくらなんでも信長の直臣にはなれなかったろう。

ただし、この名婦の〝内助の功〟の話には、原形が存在した。

〝妻〟を最善のパートナーとして大出世した

越前（現・福井県北部）の朝倉義景《あさくらよしかげ》を討つべく、信長が連合軍（秀吉麾下《きか》の一豊も含め）を率いて攻め込み、大敗した金ヶ崎《かねさき》の戦い——その再戦のおりのこと。分《ぶん》不相応に多数の家来をかかえて功名を狙った一豊は、不意の出陣に軍備を整えることができず、支度金に窮してしまう。

彼はこのとき妻に、「腹を切る、腹を切る」と駄々《だだ》をこねた。すると妻は、どこからか黄金三枚を都合してきて、これで夫の窮地を救った、というのだ（『治国寿夜話《ちこくことぶきやわ》』『校合雑記《きょうごうざっき》』）。

一豊は戦国武将としての、己れの才覚で、やがて土佐一国（現・高知県）を領有する二十万二千六百石余の大名となるのだが、その生涯の裏には、苦楽を共にした「賢妻」がいたことは間違いなさそうだ。

逆説的な言い方が許されるのであれば、こうしたパートナー＝妻なくして、夫の起業は成功し得ない、ということになろうか。

「奉公構い」のはみ出し者多数を、召し抱えた

蒲生《がもう》氏郷《うじさと》

Profile

①弘治2年（1556）～文禄4年（1595） ②40歳 ③近江国日野城主・蒲生賢秀の嫡男 ④近江国日野城（現・滋賀県）、伊勢国松坂城（現・三重県）、陸奥国会津若松城（現・福島県） ⑤興徳寺（現・福島県会津若松市）

天下無敵の真相

全国制覇を成し遂げた豊臣秀吉は、徳川家康を関東に封じ込め、東海道筋に多くの豊臣恩顧の大名を配置した。万一、家康が武装西進する事態＝いざ鎌倉という場合に備えたわけだが、こうした秀吉の胸中は、当然のことながら、警戒されている家康側にも響くものがあった。

「奉公構い」のはみ出し者多数を、召し抱えた

「力押しで、どの辺りまで進めようか」

ある四方山《よもやま》話の席で、家康が本気とも冗談ともつかない問いを発した。幾つもの意見が出た。重臣だけの雑談に、人々の口も軽い。が、謀将・本多正信《ほんだまさのぶ》だけは口を開こうとはしなかった。家康が正信を見やると、正信はさりげなく、周囲に気取られぬように、無言のまま首を左右に振った。

彼の表情は、「箱根も越えられますまい」と語っていた。家康も沈黙したまま、「その通りだ」と首を動かしたという。

秀吉の対家康包囲網は、前面＝東海道より、むしろ後背に絶妙の仕掛けがあった。関東の後方には、蒲生氏郷《がもううじさと》が控えていた。蒲生家は近江（現・滋賀県）の旧家で、代々の当主は硬骨漢《こうこつかん》で知られてきた名族であった。

織田信長の時代、十三歳でその近習となった氏郷も、その人柄は勇猛果敢、将器としては天下取りを望める人物、と早くから噂されていた。

その証左《しょうさ》に、永禄十二年(一五六九)冬、信長はわが愛娘を氏郷に娶《めあわ》せている。氏郷は信長を師と仰ぎ、領地を開拓して繁栄させる一方、学問にも精を出し、中国の古典にも明るく、和歌や茶道にも独自の境地を開いた。

本能寺の変を挾んで、秀吉に押し戴《いただ》かれるようにして、その幕下に加わった氏郷は、天正十八年(一五九〇)、会津に四十二万石を拝領。翌年には加増されて、九十二万石の大大名となった。秀吉が氏郷を見込んで、家康の監視と奥州の曲者《くせもの》・伊達政宗《だてまさむね》、越後の上杉景勝《うえすぎかげかつ》——この三人を同時に牽制するため、あえて氏郷を選んだのはいうまでもない。

〝奥州探題〟として会津に転封のおり、彼は秀吉に注文を出している。

秀吉や諸大名家から「奉公構《かま》い」となっている者を、召し抱える許可を求めたのだ。「奉公構い」とは、主君の怒りを買い、何処《いずこ》の大名家へ立ち寄ろうとも、召し抱えられぬよう回状をまわされている牢人たちを指した。

「奉公構い」のはみ出し者多数を、召し抱えた

腕は立つが、全員はみ出し者。氏郷の注文に秀吉は、渋しぶ同意する。

氏郷が召し抱えた牢人たちは、いずれも一癖《くせ》ありげな者たちばかりであったが、さすがに一騎当千の強者《つわもの》揃いであった。氏郷が会津に入国して一ヵ月が経過した頃、この地の旧領主・伊達政宗の扇動による一揆が勃発した。葛西・大崎（現・宮城県北部と岩手県南部）の地に、三十万石を新領した木村吉清《よしきよ》が襲撃されたのである。このとき、氏郷は不馴《ふな》れな北国の地をものともせず、奥州一帯に拡大しかけた一揆を、見事に鎮圧した。

もし、このまま氏郷が健在であれば、豊臣家のその後も大きく様相を変えていたはずだ。少なくとも関ヶ原の戦いは、家康が起こそうにも起こせなかったに相違ない。だが、一代の英傑氏郷は、現在でいう痔瘻《じろう》を患い、文禄四年（一五九五）二月七日、四十歳をもってこの世を去ってしまう。

氏郷の死は、秀吉の死に先立つこと三年、関ヶ原の戦いの五年前であった。

先見性と独自の技術で生き残った

藤堂高虎《とうどうたかとら》

Profile

①弘治2年(1556) ～ 寛永7年(1630) ②75歳 ③近江国の土豪の子。伊勢安濃津(津) 藩初代藩主 ④伊予国宇和島城・同国大洲城・同国今治城(現・愛媛県)、伊勢国安濃津城・伊賀国上野城(現・三重県) ⑤上野公園(現・東京都台東区)ほか

無手勝流の出世術

戦国武将・藤堂高虎《とうどうたかとら》が、最初に手にした年俸は八十石＝三百二十万円程であった。それが最終的に、三十二万九千石（ざっと百三十一億六千万円）となる。

もともと出自は不詳で、父の名を虎高《とらたか》といい、近江の国内で地侍をしていたらしいこと。彼には兄がいたが、戦死したという程度のことしか知られていない。加えて、巨漢であったことは確かだ。六尺三寸（百九十センチ）、体重三十貫（百十三キロ）もあったという。体格は申し分なかったが、その人生の出だしは、失敗と失望の連続でしかなかった。

元亀元年（一五七〇）六月、高虎は十五歳で本格的な大合戦＝姉川の合戦に、浅井《あざい》方の陣借りとして参戦している。つまり、牢人身分として浅井方の陣地に参加し、あわよくば仕官にありつこうとしたわけだ。

ところが、織田信長と徳川家康を敵軍とした浅井・朝倉連合軍は、大敗を喫してしまう。次に高虎が身を寄せた山本山《やまもとやま》城の阿閉貞秀《あつじさだひで》は、人物が気に入らず、再び出奔。湖西の小川城主で浅井家の猛将・磯野員昌《いそのかずまさ》の家来となり、はじめて得た家禄が冒頭の八十石であった。

ようやく高虎は、人生のスタートラインに立てた訳だが、これも束の間。

その養子と合わず、嫌気《いやけ》がさして逃亡。郷里へ舞いもどった彼は、ここで織田家の出世頭・羽柴秀吉が、湖岸の今浜《いまはま》の領主となり、地名も「長浜」と改めたことを知る。口利きしてくれる人があり、高虎は秀吉の弟・羽柴秀長（当時は長秀《ながひで》）に仕えることになった。通算、五度目の出仕である。

秀長は高虎を一見して、三百石（年俸一千二百万円）の値をつけてくれた。高虎が二十一歳、新しい主人が三十七歳のときであった。

人より優《すぐ》れた巨体を酷使《こくし》して、死を恐れずに、つねに先陣、一番槍をころがけ、退くときは殿軍《しんがり》を志願しつづけた高虎は、暴虎馮河《ぼうこひょうか》の勇ではあったが、その生命《いのち》懸けの働きぶりは、秀長の認めるところとなる。

加えて高虎は、秀長の要請に応じて算盤、鉄砲操練、築城術、のちには水軍の操縦まで、不平・不満をいわずに、求められた新しい分野に挑み、ことごとくをものにしていった。彼は織田家中国方面軍司令官に抜擢された秀吉の、中国進攻作戦に従い、秀長の幕下にあって出世していく。

最終的に、天下を統一した秀吉のもとで、秀長は但馬（現・兵庫県北部）南部に大和一国（現・奈良県）を加え、計百万石の大大名となり、居城を大和郡山城に定めた。高虎は、紀州粉河《こかわ》（現・和歌山県紀の川市）に一万石を拝領する身代となる（三十歳）。

が、好事はつづかなかった。天正十九年（一五九一）正月二十二日、主人の秀長は病没。享年は五十二であった。すでに二万石の身代となってい た高虎（三十六歳）は、秀長の甥でその養子となっていた十三歳の、秀保《ひでやす》の後見を遺言されたが、文禄四年（一五九五）四月十六日、この少年は病没（毒殺説あり）。大和豊臣家百十六万石は、ここで断絶となった。

失意の高虎は高野山へ登り、仏門へ帰依しようとする。しかし、秀吉がその才覚を惜しみ、陪臣であった高虎を伊予（現・愛媛県）国内で七万石の領主として独立させた。人は見ているものだ、普段の言動を——。

この高虎が、徳川家康と面会したのは、天正十四年に上洛した家康のために、聚楽第《じゅらくだい》の傍地に屋敷を造営したのが切《き》っ掛《か》けであった。

高虎は、次の天下人は家康、との確信を抱く。

関ヶ原の戦いでは、西軍荷担の諸将の切りくずしを担当。その功により、伊予今治《いまばり》（現・愛媛県今治市）に二十万石を領する大名となった。彼は己れの居城の縄張りをはじめ、家康の命で江戸城の改修、丹波亀山城、同篠山城の築城を次々に手がけ、そうする合間に慶長十三年（一六〇八）八月、伊賀一国（現・三重県西部）十五万五百四十石と伊勢安濃津《あのつ》（現・三重県津市）及び一志《いちし》郡に五万四百十石、加えて伊予領内・今治を中心に二万石、計二十二万九百五十石を二代将軍秀忠（家康の後継者）より拝領、転封することとなる。ときに家康は六十七歳、高虎も五十三歳となっていた。

先見性と独自の技術で生き残った

高虎は大坂の陣の前夜、大坂方の情報を家康のもとへ頻繁《ひんぱん》に送りつづけた。冬の陣では、攻め手の先鋒をつとめ、和議を挾《はさ》んだ夏の陣でも、多大な犠牲《ぎせい》者を出しながら大坂方の敗戦を決定的にした。

家康よりの加増は、五万石。従四位下にも叙された。元和二年（一六一六）四月十七日、家康が七十五歳を一期《いちご》として他界し、秀忠の親政となっても、高虎はその側《そば》にあり、毎月数度、その諮問《しもん》にも答えた。

高虎は元和五年、家康の生前の希望でもあった秀忠の娘・和子《かずこ》（のち、まさこ）入内《じゅだい》の斡旋をおこない、寛永七年（一六三〇）十月五日、その七十五年の生涯を閉じる。この間、東叡山寛永寺のかたわらに、東照宮並びに別当寒松院《かんしょういん》を建立。

毀誉《きよ》褒貶《ほうへん》はあるが、藤堂高虎の生き方は、多くの可能性、処世の術を、現代のわれわれにも語り掛《か》けてくれるように思われる。

融通がきかず不器用が仇となった

加藤《かとう》清正《きよまさ》

Profile

①永禄5年(1562)～慶長16年(1611) ②50歳 ③尾張国中村出身。母は秀吉正室·高台院の従妹。肥後熊本藩初代藩主。 賤ヶ岳の七本槍 ④肥後国熊本城(現·熊本県) ⑤本妙寺(現·熊本県熊本市)ほか

上司に学ぶ功罪

戦国武将・加藤清正《かとうきよまさ》が、手際よくやってのけた歴史的な軽業《かるわざ》は、戦《いくさ》での強さと領国経営に卓越した手腕を発揮した——この二つを、見事に両立させたところにあった。

本来、合戦と領国経営は並立しないものだ。戦《いくさ》に勝つには、戦費が入用

融通がきかず不器用が仇となった

であり、その負担が領民に重くのしかかっては、領国経営はできない。もし、無理をすれば行政上、必要不可欠な投資は等閑《なおざり》にされがちとなる。

事実、清正入封以前、肥後（現・熊本県）五十四万石を領有した戦国の猛将・佐々成政《さっさなりまさ》は、国内の土豪たちと施政方針をめぐって対立。一揆を誘発させ、ついには豊臣秀吉から切腹を命じられてしまった。

では、清正の奇跡ともいえる二つの成功は、何によってもたらされたのか。最大の要因は、治めた肥後自体にあった。

古来、肥後は温暖の地ゆえ、物成《ものな》りの豊かな国として、日本屈指の農業生産力を誇っていた。佐々は、この地の利を生かせなかった。

清正はその失敗を教訓とし、三十歳で肥後国の約半分、所領十九万五千石の領主として、まず可能なかぎり領内経営に努力した（彼が一国すべてを領有するのは、関ヶ原の戦いの後である）。

ここで、清正の武将としての名声と、領国経営成功の秘訣について考えてみたい。筆者は、加藤清正という人物は、実は主君秀吉と、よく似た性格の人ではなかったか、と疑ってきた。両者は育った環境が同じ尾張（現・愛知県西部）であり、他人を魅了する人柄、人望、そこから導き出される外交戦の鮮やかさ、気宇の雄大さに相通じるところをもっていた。

が、秀吉は実戦の将としては、必ずしも功名の人とはいえなかった。

逆に清正には、歴戦の勇将、剛直の猛将といったイメージがついてまわった。これはあくまでも、文献的推察の域を出ないのだが、清正は秀吉の手許に引き取られてから、その全人柄を受け止め、己れの役割を、秀吉に欠けた部分の補完と思い定めて、生きてきたのではあるまいか。

清正の肥後経営は、そうした秀吉に学んだ成果であったとすれば、いかがであろうか。清正の戦《いくさ》と経営の両立＝成功の要因は、ここにあったように思われる。ただ惜しむらくは、秀吉がすべて、との物の見方、基準に凝り固まってしまった――この点だけは、いただけない。

分限を自らに課し、天下をめざす野心はもとより、自分ならば……とする考え方も、清正には不遜に思えたに違いない。そのため、自己主張をふりまく石田三成ら文治派の官僚たちとは馴染めず、彼らと器用に、慇懃《いんぎん》（礼儀正しく）に接することができなかった。

また、後年、頼った徳川家康に、その辺りの機微を見透かされ、ついには豊臣家滅亡の足音を聞きつつ、世を去らねばならなかった悲運にもつながってしまう。

決して弱音を吐かず、つねに凛乎《りんこ》として乱世を生き抜いたこの武将の、努力と忍耐力とともに、それを結実させるための融通性、協調性を養うことの大切さをも、反面教師として、ぜひ学びたいものである。

「善良・律義」の仮面で乱世を生き抜いた

佐竹義宣《さたけよしのぶ》

Profile

①元亀元年(1570)~寛永10年(1633) ②64歳 ③常陸国守護・佐竹義重の嫡男。佐竹氏19代当主 ④常陸国太田城・同国水戸城(現・茨城県)、出羽国久保田城(現・秋田県) ⑤天徳寺(現・秋田県秋田市)

旗色を鮮明にせず

歴史の中には、妙に気になる人物というのがいる。

平安時代からの名族・常陸《ひたち》（現・茨城県の大半）の佐竹氏を、戦国の世から徳川時代に導き得た、佐竹義宣《さたけよしのぶ》もそうしたひとりである。

とりわけ目立った武将ではないのだが、舞台の脇で二十四時間、策謀を考えつづけている、といった凄味があり、いちいち、この時間は何を……と、ついふり返ってしまう。

いうまでもなく、力がすべてという戦国乱世にあっては、旧家・名門の権威など、何の役にも立たない。二十歳に満たずして太田城主（現・茨城県太田市・二十万石相当）の地位を継いだ義宣は、兵力に訴える合戦以上に、中央政局の分析に心を砕いた。

いちはやく、時代の趨勢《すうせい》が豊臣秀吉に帰すのを見通した彼は、その出兵命令を受諾、小田原の役に参陣する。

伊達政宗は遅参したが、義宣は遅れなかった。

すばやく豊臣家に帰属した義宣は、将兵を損なうことなく、実戦の手続きをふまずに、秀吉によって〝常陸の旗頭〟に任じられるや、江戸重通《えどしげみち》から水戸城を奪い、その地を治府に定め、国内の有力豪族五十八名を一挙に謀殺した。あきれるほどの素早さ、段取りの良さというべきか。

彼はいついかなるときも、決して慌てなかった。

名門の当主らしく、泰然自若《たいぜんじじゃく》と構え、その実、鉈《なた》で両断するような思い切った手段を、躊躇《ちゅうちょ》することなく実行した。北方の岩城《いわき》氏に圧力を加え、実弟・貞隆《さだたか》を養子に送りこみ、この地も横領。さらに相馬《そうま》氏を傘下大名に組み入れ、いつしか領土は八十万石の大身となった。

それでいて義宣は、生涯を通じ、

「この上なき律義者よ」

との、評判を得つづけたのだから恐れいる。

乱世において、非力な者が生き残るための方便《ほうべん》＝必須条件は、まさに〝善良・律儀〟の評判を得ることに尽きた。その意味で彼は、よほど己れの立場を冷静に認識していたのではあるまいか。朝鮮出兵に参加した諸将が、やり場のない怒りを石田三成にむけ、誅殺しようとした時、その背後に家康の存在を知りつつも、義宣は三成の窮地を救っている。

このとき、古田織部《ふるたおりべ》（重然《しげてる》）が義宣の言動を危惧し、

「すみやかに、家康殿に謝られたがよろしかろう」

と忠告すると、義宣は、

「それがしはもとより、諸将（武断派）にうらみはない。だが、かつてそれがしは三成どのに恩をうけた。今、その人が危ないのを見捨てることはできない。身命にかえて、これを救うのは当然であろう。それでも、家康どのに詫びよといわれるのなら、そなたから申し上げてくれ」

これを伝え聞いた家康は、

「自分は決して佐竹殿を悪く思ってはいない、むしろ、〝義〟といふべし」

と、そのおこないを誉めたという。

このように、すべてに完璧を期したはずの義宣ではあったが、関ヶ原の戦いだけは、さすがに読み切れなかった。西軍に七分荷担し、東軍に三分の随身を装ったものの、東軍が圧勝してしまう。

家康は西軍荷担とみて佐竹氏の所領をことごとく没収したが、悠揚《ゆうよう》せまらぬ義宣は、巧みに事実を粉飾し、慎重な隠蔽《いんぺい》工作を手際よくおこなった。

領地没収後、しばらくして彼は、改めて出羽国久保田（現・秋田県秋田市）に二十万五千八百十石余を領有する。その後も、義宣は大坂の陣で軍功をあげ、以後、久保田（秋田）藩は明治維新まで無事、存続した。

ただし、関ヶ原での行動の遅さを猛省した久保田藩は、幕末、今度は逆に、周囲の何処の藩よりも早く、旗色を鮮明に官軍側と宣告。そのため佐幕派の諸藩に、いわば袋叩きに近いやられ方をされてしまう。

なかなか、先を読むのは難しい。

主君小早川秀秋の裏切りに、頑として抵抗した

松《まつ》野《の》重《しげ》元《もと》

Profile

①不詳〜明暦元年(1655)? ②不詳 ③小早川秀秋家臣。筑後柳河藩(現・福岡県柳川市)初代藩主・田中吉政家臣。駿河駿府藩主・徳川忠長家臣

武士の真骨頂

慶長五年（一六〇〇）九月十五日——関ヶ原の戦いは、正午近くになっても、死力を振り絞る西軍の主力が奮戦したため、兵数におごる東軍が追い詰められるという、危《あや》うい戦局がつづいていた。

東軍の総大将・徳川家康は、小早川秀秋に西軍裏切りを催促《さいそく》。日和見《ひよりみ》を

決めこんでいた秀秋の陣へ、ついには二百挺の鉄砲を撃ち込ませた。

無論、二百挺程度の鉄砲は、距離的にも威力の上からも、小早川軍にダメージを与えることはなかったろう。だが、

「内府《ないふ》（家康）が怒っておる」

真っ青になった秀秋は、小早川勢一万五千六百七十五名（『日本戦史』陸軍参謀本部編）に対して、松尾山を駆《か》け下り、西軍・大谷吉継《おおたによしつぐ》の陣を背後、側面から衝くように、との軍令を発した。

ここに来て、はじめて裏切りを知らされた小早川の部将たちは、それでも主命を奉《ほう》じたが、ただ一人、

「楯裏《たてうら》の叛逆は侍のせぬもの」

と、主君秀秋の軍令に従わなかった男がいた。

武辺者の先鋒隊長・松野主馬正重元《まつのしゅめのかみしげもと》である。動かぬ主馬のもとへ、再び

主君小早川秀秋の裏切りに、頑として抵抗した

伝令が駆けつける。早々に、上方勢（西軍）へ懸《か》かれ、というのだ。

しかし、主馬は腰をあげない。裏切りは侍たる者の最大の悪徳である。

「秀頼公への忠義を、何といたされるのか」

と反論した。これに対して伝令は怯《ひる》まず、

「殿（秀秋）は侍にあらず、将なり。将たる者の裏切りを武略という。武略に善悪はなし。むしろ主馬殿こそ、ご主君への不忠不義であろう」

と、主馬を責めた。答えに窮した主馬は、味方であるべき西軍を攻めるもならず、さりとて東軍も討てず、思い悩んだ末に、ついには主人を見限ることを決意する。己れの部隊を集めて戦場の一隅へ移し、主馬自身は矢《や》弾《だま》の降りそそぐなかを馬上に身を曝《さら》しつづけた。

実はこの主馬の苦渋《くじゅう》の決断には、叔父・松野平助の死がかかわっていたようだ。〝西美濃三人衆〟の一人・安藤《あんどう》伊賀守守就《もりなり》（竹中半兵衛の舅《しゅうと》）の

家臣であった平助は、武田信玄との内応を疑《うたが》われ、守就が信長に追放されたおり、信長によって別途、千貫で召しかかえられた。

本能寺の変のおり、平助は男山の石清水《いわしみず》八幡宮に詣《もう》でており、気がつけばすでに明智光秀が主君信長を滅ぼした、とのこと。

君臣の礼をとれ、と迫る光秀に、平助は、

「忝《かたじけな》くも、過分の御知行を下され、御用に罷《まか》り立たず——」

そのうえ、敵のお前に降参などできぬ、と追腹《おいばら》をして果てた。

主馬の父は、この平助の実弟・松野平八重定《しげさだ》であった。

加えて、主馬は秀吉に召し出されて三年、仕えていた時期がある。

文禄元年（一五九二）、主馬の人柄を見込んで、当時十一歳の小早川秀秋へ奉公が決まり、秀吉は主馬に「豊臣」の姓を下賜《かし》。併せて、従五位下に叙してくれた。

主馬にすれば、主君秀秋よりもその主家の豊臣氏に恩賜《おんし》が深かった。

関ヶ原の戦いの後、主馬は東軍の田中吉政《たなかよしまさ》（筑後国柳河城主）に抱えられ、一万二千石を得る。元和六年（一六二〇）、田中家が除封されてからは駿河大納言・徳川忠長《ただなが》（二代将軍秀忠の三男）に仕え、その忠長も寛永十年（一六三三）に自害となると、主馬は越後国村上（現・新潟県村上市）に移り住み、奥州白河（現・福島県白河市）へ移って、明暦元年（一六五五）八月、ここで亡くなったという。

過ぐる慶長七年、関ヶ原の裏切りで備前（現・岡山県南東部）・美作（現・岡山県北東部）で約五十万石を与えられた小早川秀秋は、二十一歳で病没。小早川家は断絶したが、その遺臣は皆目、再仕官がかなわなかった。

あえて主命に抗した松野主馬の、その〝信〟〝義〟ある行動と比べてみると、人間の価値について考えさせられる事件であったといってよい。

■関ヶ原の戦い布陣図

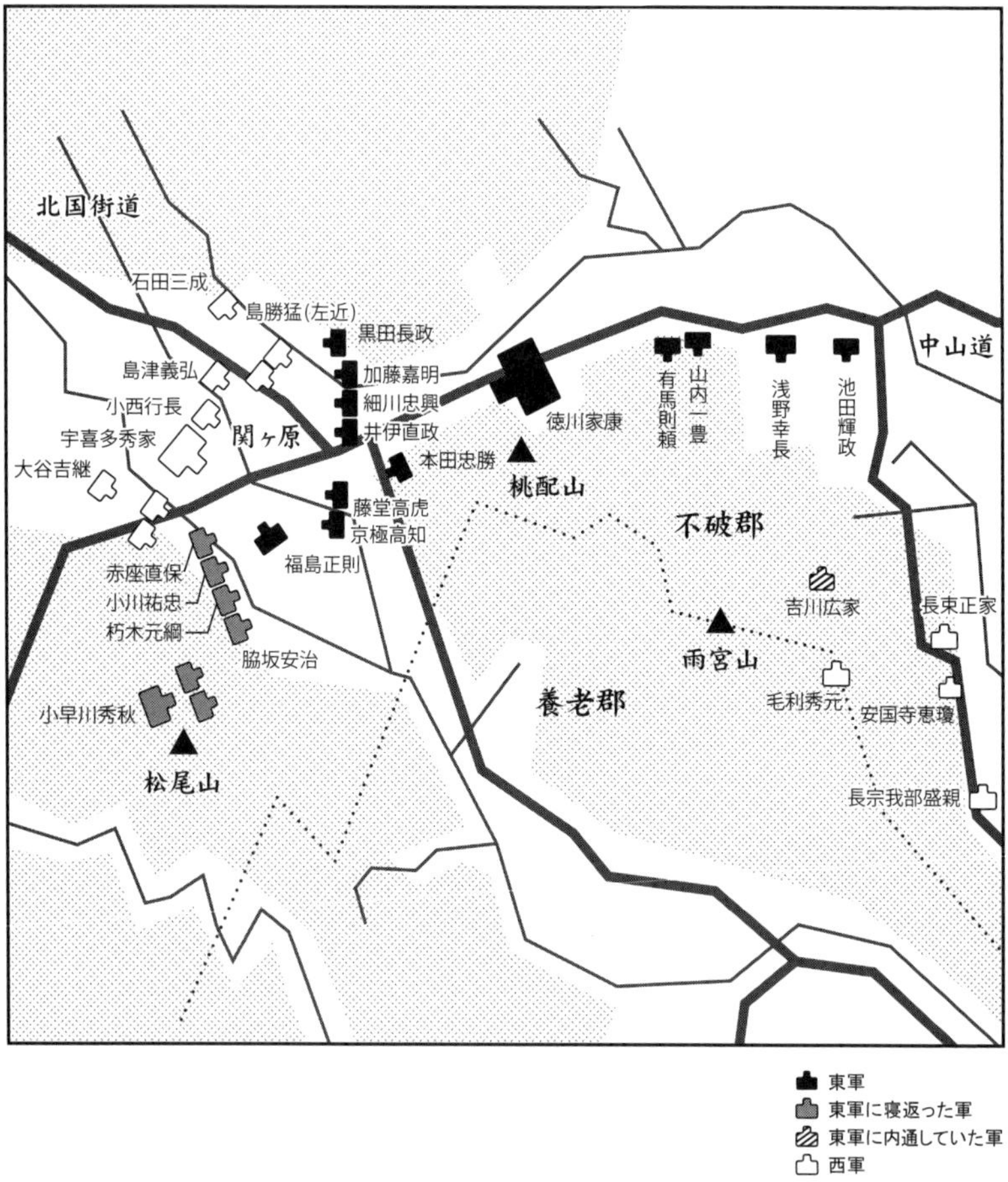
北国街道
石田三成
島勝猛(左近)
黒田長政
加藤嘉明
細川忠興
井伊直政
島津義弘
小西行長
宇喜多秀家
関ヶ原
大谷吉継
本田忠勝
藤堂高虎
京極高知
福島正則
赤座直保
小川祐忠
朽木元綱
脇坂安治
小早川秀秋
松尾山
徳川家康
桃配山
有馬則頼
山内一豊
浅野幸長
池田輝政
中山道
不破郡
吉川広家
長束正家
雨宮山
毛利秀元
安国寺恵瓊
養老郡
長宗我部盛親
東軍
東軍に寝返った軍
東軍に内通していた軍
西軍

第二章

使いこなすのは将の器量

関ヶ原で島津勢の進んでくるのをみて、あれは敵かと問うた。
配下の甲斐勢は、敵でしょうと答えた。
直政はいざ、うち掛ろうとして、島津勢の鳥《ちょう》銃《じゅう》に撃たれてしまう。
後日、直政はいう。あれは敵かと申した時、
本当の戦《いくさ》巧《こう》者《しゃ》ならば、すでに合戦は味方の勝利なり、
捨てて苦しからざるものにして、敵にあらずと申したであろう。
また、遁《のが》すまじき敵なれば、敵ですという前に体が動いていたはずだ。
悠長な問答で、わしは負わなくてもよい傷を負ってしまった。

【井伊直政】

伊勢宗瑞《いせそうずい》（北条早雲）

Profile

①永享4年(1432)?～永正16年(1519) ②88歳? ③室町8代将軍・足利義政の申次衆、伊勢盛定の子との説あり。後北条氏の祖 ④伊豆国韮山城(現・静岡県)、相模国小田原城(現・神奈川県) ⑤早雲寺(現・神奈川県箱根町)

信義と冷酷さの二面性

駿河（現・静岡県中部）に自前の勢力を持った伊勢宗瑞（俗称・北条早雲）は、己れの次の目標に、韮山《にらやま》城（現・静岡県伊豆の国市）を掲げ、それまでと同様、〝変化〟を用心深く待った。

鎌倉幕府十四代執権・北条高時《たかとき》の流れを汲むここの城主家では、当主が

情報分析と〝侠気《きょうき》〟

亡くなると間髪を容れず、宗瑞に養子入りしてほしい、との依頼をもたらしたという(異説もある)。おそらく、日頃から誼《よしみ》を通じて、北条家の家臣の、主だった者を、宗瑞が懐柔していたのであろう。

そうするうちに、延徳三年（一四九一）四月二日、伊豆を分国とする関東公方《くぼう》の一方である堀越《ほりごえ》公方・足利政知《まさとも》が没し、長子の茶々丸《ちゃちゃまる》が跡を継承した。ところが彼は七月一日、自らの継母・円満院を殺害し、さらにこの継母が産んだ幼い弟・潤童子《じゅんどうし》まで殺すという事件を惹起《ひきおこ》す。茶々丸はさらに、二人の家老も殺害。伊豆は「豆州騒動」といわれる内乱状態となった。

かねてから伊豆を奪う計画であった宗瑞は、この事件の報に接すると隠居の身を表向きに、病気療養と弘法大師の霊跡を巡礼すると称して、伊豆の修善寺温泉に向けて出発・逗留した。

明応二年（一四九三）四月、京都では幕府の実力者である管領・細川政元がクーデターを起こし、十代将軍・足利義材《よしき》（義稙《よしたね》・六代将軍義教《よしのり》の子である義視《よしみ》の子）を廃して、義高《よしたか》（義澄《よしずみ》・父は堀越公方の足利政知で、八代将軍義政の養嗣子となる）を十一代将軍に擁立する事件が起きていた。

この間、宗瑞は修善寺で退屈をまぎらわせるために、と山樵《きこり》を呼び、伊豆の地理から一郡に配置されている武士の内情にいたるまで、細々と聞き出すと、大急ぎで駿河に帰ったという。

「これは使える」

室町幕府との主従の縁は切っても、宗瑞は情報網を油断なく、張り巡らせていた。新将軍義高の母は円満院であり、潤童子は実の弟にあたった。

当時、関東は関東管領の一・山内上杉顕定《あきさだ》と同・扇谷上杉定正《さだまさ》（相模国守護）による抗争「長享《ちょうきょう》の乱」がつづいていた。この構図によれば、伊豆は山内上杉氏の勢力圏となり、同氏は茶々丸を支持してもいた。

情報分析と〝侠《きょう》気《き》〟

宗瑞は抜け目なく扇谷上杉氏との連携をはかり、隣国甲斐（現・山梨県）で起きていた守護・武田信縄《のぶつな》（信玄の祖父）とその父・信昌《のぶまさ》、弟の信恵《のぶよし》による内紛にも介入。信昌・信恵側を支持しながら、一方で今川氏親に駿東《すんとう》郡の国衆《くにしゅう》を借り、兵数を充実させて伊豆へ乱入した。

常のことながら、この男はどこまでも用意周到である。

さらに、両上杉の抗争に将兵が出撃して、堀越御所の警固が手薄なタイミングをはかり、迅速果敢に手勢二百人と、今川家からの援兵三百人の合計五百人を率い、清水浦から伊豆に押し渡って、堀越御所を包囲すると、火を放って、これを激しく攻めたてた。茶々丸はこの戦いに敗れ、国外へ逃亡し、伊豆への進出を果たした宗瑞は、韮山城を本拠として、伊豆一国を平定する。ここで彼は、戦国大名となったわけだ。

戦災で逃げ散った農民に帰村を促し、人心の鎮静化につとめた宗瑞は、他方、疾病《しっぺい》に苦しむ村人がいれば、積極的に救済し、人望を高めることも忘れていない。実に巧妙であった。尋常の感覚なら、この辺りで己れの野望の矛をおさめてもよかったはずだ。

ときに、六十歳。今日の年齢に置き替えて、八十歳を超えてなお、新規の事業に乗り出す人がいるか否か、そう比較してみるといい。

だが宗瑞は、箱根の向こう側——相模国小田原（現・神奈川県小田原市）を、さらに欲した。ただし、短兵急には動かない。用心深く準備し、相手の崩れるのを待った。換言すれば、自身の命数との勝負であった、といえる。

明応三年（一四九四）八月二十六日、小田原の名将・大森式部少輔氏頼《しきぶのしょううじより》が没した。氏頼のあとは、その子・信濃守藤頼《ふじより》が嗣いだが、宗瑞はしきりと藤頼に、親交を結びたい旨を伝え、やがて藤頼が油断したところで、鷹狩りにこと寄せて、一気に小田原城を乗っ取った。

情報分析と〝侠《きょう》気《き》〟

その後、宗瑞は二十四年間を生きたが、さすがにこれ以上の領土拡大は考えなかった。攻めから守りに転じた彼は、徹頭徹尾、領民をいつくしみ、今川家や扇谷上杉家との交際に気を配った。

蛇足ながら、伊豆を攻めたおりの宗瑞は、誘降に応じない関戸《せきど》吉信《よしのぶ》を攻めて、兵はもとより女子供まで皆殺しにしている。靡《なび》く者には慈悲をもって接し、逆らう者には断固とした姿勢で臨む——これが乱世の鉄則でもあった。生き難い時代にあって、人は多面的な人格を備える必要があったようだ。

少なくとも、そうでない誠実一途や、裏切り常ならないといった一辺倒の人間では、人の上に立って乱世を生き抜いてはいけなかった。

もし、伊勢宗瑞に学ぶべきものがあるとすれば、この辺りの機微《きび》ではあるまいか。そういえば彼は、日本最初の戦国大名による検地をおこなっていた。永正三年（一五〇六）のことである。

信長一人に翻弄された〝悪党〟

松永久秀《まつながひさひで》

Profile

①永正7年(1510)?～天正5年(1577) ②68歳? ③三悪事(主殺し、将軍殺し、大仏殿焼失)で悪名を轟かせた。信貴山城の戦で爆薬により自害 ④大和国多聞山城・同国信貴山城(現・奈良県) ⑤達磨寺(現・奈良県王寺町)ほか

曲者の末路とは

後世、〝下剋上の三悪人〟として、その筆頭に数えられたのが、戦国武将・松永久秀《まつながひさひで》である。どれほどの、曲者《くせもの》であったのか。

あるとき、久秀が従属していた織田信長に拝謁《はいえつ》していると、そこへ徳川家康がやって来た。信長は家康へ、久秀を指さしていったものだ。

信長一人に翻弄された〝悪党〟

「三河どの、この老人が松永弾正《だんじょう》（久秀）でござるよ。心の許せぬやつじゃが、この男、他人のまねのできぬことを三つまでやってのけた。一つは、主家の三好《みよし》家を滅ぼしたこと。二つは、十三代様（足利義輝《あしかがよしてる》）を弑逆《しいぎゃく》したこと。三つには、奈良の大仏殿を焼き払ったこと。普通の者には一つとしてできないことを、三つともやってのけたのがこの老人でござるよ」（『備前老人物語《びぜんろうじんものがたり》』）

さしもの梟雄《きょうゆう》も、赤面して伏せた顔をあげることができなかったという。久秀とは、そういう男であった。

彼は天文十八年（一五四九）、すでに四十の齢《よわい》となってから歴史の表舞台に登場する。

かつては京に旗をかかげ〝天下〟に号令を狙った三好家の、最有力家臣として、京都を束ねる役割を担い、しかも、主家の信任をいいことに、かたわら堺の代官をも兼任した。

その地位で巨額の富を築き、永禄三年（一五六〇）には大和一国を独力で平定。河内（現・大阪府南東部）の境に近い信貴山《しぎさん》に城郭を築き、天守櫓を考案した（ほどなく奈良北郊の多聞山《たもんやま》城へ移るが、この城は近世城郭建築の先駆という、栄誉を担うこととなる）。

久秀は京都・奈良・堺の三都市を手中に治め、信長に先駆けて上洛を果たした主君の三好長慶《ながよし》が、嗣子義興《よしおき》の死後、失意の中で三好家が傾きはじめた途次、その死を待つように三好家全体の実権をすら握るようになる。

久秀は主家の三好を継いだ義継《よしつぐ》（長慶の弟・十河一存《そごうかずなが》の子）を圧迫して、京都から追い落とし、その妻の左京大夫を奪って己れの妾にしたという。

そしてついには、英邁《えいまい》で邪魔者の十三代将軍・足利義輝《よしてる》を襲い、亡き者にする。以後、京畿は完全に久秀の天下となったが、先の見えるこの男は、

信長一人に翻弄された〝悪党〟

信長が足利義昭《よしあき》（のち十五代将軍）を奉じて入京するや、あっさりと降参・帰服を申し出て、その幕下《ばっか》に入った。

その後、久秀は信長の下で数々の武功をたてている。

とくに浅井《あざい》・朝倉《あさくら》の連合軍に挾み撃ちにされた金ヶ崎の敗戦のおり、何をおいてもとにかく、退陣することを信長に進言したのは久秀であったし、その退却路でも彼は大いに働いている。

だが、久秀の心は武功とは裏腹に、信長への猜疑心が膨らみ、いつかは利用されるだけ利用されて、粛清されるのではないか、といった脅迫観念、疑心暗鬼を抱いた彼は、そこから容易に抜け出せない。

元亀三年（一五七二）に新将軍義昭が信長に反抗したとき、武田信玄の上洛を当てにした久秀は、この一連の動きに加わったものの、信玄が一年後に病没するや、信長に降参し、城を召し上げられただけで赦免となった。

だが、久秀は己れの謀叛を諦めたわけではなく、天正五年（一五七七）、上杉謙信の能登（現・石川県北部）出兵を機に、信貴山城に立籠《たてこも》り、信長に徹底抗戦の狼煙《のろし》をあげた。

今度は、さすがに信長も許さなかった。嫡男の信忠《のぶただ》に討伐を命じ、あっという間に信貴山城を落とした。このとき久秀は、天を仰いで嘆息し、天下の逸品「平蜘蛛《ひらぐも》」の茶釜を首に吊して、火薬を点じて茶釜もろとも自爆したという。奇《く》しくもこの日が十年前、合戦の必要から大仏殿を焼き払ったおりの（三好方が焼いたとの説あり）、同日同時刻であったとされたことから、人々は仏罰が久秀に当たった、といい合ったとある。

まさに、奸雄の剛愎《ごうふく》で壮烈な最期であった。が、ほかに生き残る道はなかったのだろうか。それともすでに、久秀は生きることに疲れていたのだろうか。

「嚢中の錐」――真田幸隆を使いこなした

武《たけ》田《だ》信《しん》玄《げん》

Profile

①大永元年（1521）～元亀4年（1573）　②53歳　③甲斐国守護武田家19代当主。「風林火山」の軍旗と騎馬軍団で甲斐国、信濃国、駿河国ほかを支配　④甲斐国躑躅ヶ崎館（現・山梨県）、三河国野田城（現・愛知県）　⑤恵林寺（現・山梨県甲州市）

使い捨てから重臣へ

――「嚢中《のうちゅう》の錐《きり》」という言葉が、『史記』の「平原君《へいげんくん》列伝」にある。

内に才能のある人は、袋の中の錐が、ついには袋を破って外に現われるように、たちまちその存在を周囲に知られてしまう、との意だが、見方をかえれば、錐を誤って袋の中に入れたために、錐はその袋を突き破ってしまった、といえなくもない。才能発揮の長所と組織を破戒しかねない個性としての短所は、いつもこのようにつながっていた。どう捕らえるか。この両面が、人物を見極める際の障害になる場合も少なくなかった。

名将・武田信玄などは、中国の古典兵法に学び、中途採用者や新人には、五度や六度の失敗、法度《はっと》破りは目をつぶってやらねばならないだろう、との自己の見解を表明していた。この心の幅、考え方には、敵方にあった有能な士を自ら獲得するおりの、心構えにも活用できたようだ。

『甲陽軍鑑』（小幡景憲《おばたかげのり》編）や『長谷寺縁起書』など、江戸期に書かれた武田信玄ゆかりの記録の中で、幻の軍師・山本勘助《やまもとかんすけ》の盟友として登場する真田《さなだ》弾正忠幸隆《だんじょうちゅうゆきたか》ほど、「人材」発掘の難しさを、後世のわれわれに教えてくれる存在も少なかったのではあるまいか。

のちに謀将の名をほしいままにする真田幸隆（史料上では幸綱《ゆきつな》）は、出自がはっきりとはわからない。もと信濃の名族・海野棟綱《うんのむねつな》を、幸隆の母方の祖父とする「滋野正統家系図」もあれば、棟綱の次男とする『真武内伝《しんぶないでん》』もあり、棟綱の子・幸義《ゆきよし》の長子とする『寛政重修諸家譜』もあった。

いずれにせよ、現在の長野県小県《ちいさがた》郡、その中の一つの集落を領する、小土豪の出身であったことは間違いない。

その幸隆のもとへ、天文十年（一五四一）五月、甲斐国主であった武田信虎《のぶとら》（信玄の父）が、諏訪頼重《すわよりしげ》、村上義清《むらかみよしきよ》ら信濃の国人たちを語らい、突如、攻め込んできた。かろうじて逃げのびた海野棟綱は、関東管領・上杉憲政を頼り、幸隆は、上州（現・群馬県）の箕輪城の城主・長野《ながの》信濃守業正《なりまさ》（業政）のもとへ身を寄せた。

蛇足ながら、この業正の部下に、のちに〝剣聖〟と称される新陰流の創始者・上泉《かみいずみ》伊勢守信綱《のぶつな》（当時は秀綱《ひでつな》）がいた。

それはさておき、幸隆は浪々の身で諸国をめぐる苦労を重ねながら、宿敵の武田家との抗争をくり返したが、信虎の追放後、晴信《はるのぶ》（信玄）の国主就任を見届けるや、武田家へ出向き、晴信にへりくだると降参し、その傘下に入って、己れの手腕をこの若き国主のためにふるうこととなる。

戦国時代を通して、この幸隆の転身はおそらく第一級の軍略・兵法の達人ならではのものであり、二君に仕えた竹中半兵衛、黒田官兵衛はいうに及ばず、才覚ある軍師・参謀たちは、己れの能力を遺憾なく発揮できる場を、常に求めつづけてしかるべきものだ。

その際、迎え入れる側は、それ以前の怒りや恨《うら》み、つらみといった情感を押し殺さねばならない。

短気者の代名詞のごとくにいわれがちな信長でも、己れの実弟ながら父

「嚢中の錐」——真田幸隆を使いこなした

の跡目を争った信行《のぶゆき》（または信勝《のぶかつ》）の家老——すなわち己れの生命《いのち》を狙った柴田勝家を許し、再登用して、尾張平定戦から「天下布武」の政略実現に向け、活用しつづけたではないか。

才覚ある人は、個性的である。一面、毀誉褒貶《きよほうへん》も強い。

幸隆は武田家へ随身するや、水を得た魚のように、にわかに頭角を現わした。幸隆を使いこなせなかったもろもろの国主、城主たちが、ほぞを噬《か》むさまが目に浮かぶようだが、その代償は彼らにとって、武田家の拡張、自家の衰退というたいへん高価なものについた。

信玄にすれば当初、使い捨ての駒＝幸隆と思っていたかもしれない。が、使ってみると思いのほか活躍し、戦功をつぎつぎとあげていく。

対上杉謙信戦、西上野の最前線と、矢継ぎ早に起用しているうちに、信玄にはなくてはならない重要な謀臣となった。

勝利の確信がもてるまで、じっと我慢した意外性

織田《おだ》信長《のぶなが》

Profile

①天文3年（1534）～天正10年（1582） ②49歳 ③尾張国の小領主、織田信秀の子 ④尾張国清洲城（現・愛知県）、近江国安土城（現・滋賀県）、美濃国岐阜城（現・岐阜県） ⑤総見院（現・京都府京都市）ほか

鳴くまで待った人物

一流の武将・武田信玄が生涯に、ただ一度、自家にとっては悔やまれる大きな陥穽《かんせい》（落とし穴）に陥《おち》ったことがある。

落としたのはのちに、「天下布武」の第一人者となった織田信長――。

信玄は上洛を心ひそかに計画していたが、領土の拡張にともない、西端

が当時の信長の本拠地・美濃国（現・岐阜県南部）と接するようになると、信長は慌《あわ》てて、双方の軍事力を客観的に分析した。

「いまだ信玄と、正面からぶつかるのはまずい」

——結論は、明らかであった。

信長の信玄に対する理解は、戦慄といってよかったろう（上杉謙信も同じ）。経済力ではすでに隔絶して優位に立ち、鉄砲も群を抜いて大量に保有していたにもかかわらず、信長は徹頭徹尾、信玄を恐れつづけた。

信長の主力尾張兵と、信玄麾下の甲斐兵の資質に、格段の差があったからだ。五対一などといわれていた。

近隣諸国から弱兵の代名詞のようにいわれつづけてきた尾張兵に対して、甲州軍団は天下最強を謳われ、しかも神業とも称せられる戦上手《いくさ》の信玄の指揮が加わっていた。

「できることなら、今少し、軍備を増強してから迎え討ちたい」

信長は猛獣の大群のごとき甲州軍団の、美濃、尾張進攻を、是が非でも遅らせねばならなかった。そのためには、ありとあらゆる屈辱的な外交にも甘んじ、しばしば進物などを信玄のもとに贈っている。

気を引こう、というのだ。否、猛獣を手懐けるつもりであった。

しかしながら、信玄は信長の低姿勢、媚のふくみに不審を抱いた。また、武田家には真田幸隆、高坂昌信《こうさかまさのぶ》ら稀代の、智謀の将は事欠かない。

「織田どのは、公私の別なくお屋形さま（信玄）を尊敬しておられると聞き及びますが、決して油断はなりませぬぞ」

諸将は口を揃えて信長の魂胆を疑い、信玄に進言した。

無論、信玄も端《はな》から信長の追従《ついしょう》などは信じていない。

ところが、あるときのこと——。

勝利の確信がもてるまで、じっと我慢した意外性

信長から、いつものように贅《ぜい》をつくした進物が届けられた。

よし、今日こそは、その本心を確かめてやろう、と信玄は、贈られてきた進物を調べさせた。中身ではなく、梱包《こんぽう》を剥《は》いでみよという。彼にいわせれば、中身はともかく、外形の造作で贈り主の本性は知れるものだ、という。信長からの、進物の外箱は漆《うるし》塗りの、一見、高価なものにみえた。

信玄は、外箱の漆を削らせる。高価な塗物《ぬりもの》ならば、幾重にも堆朱《ついしゅ》（朱《あか》うるしのぬり重ね）されていてしかるべきである。手を抜いていれば、その堆朱の層は少なく薄いはずだ。

「どうせ、一、二層であろう」

と、信玄も諸将も高を括《くく》っていたのだが、予想に反して信長からの進物は、中身もさることながら、外箱までが極上品であった。

堆朱は十数層に及んでおり、これを見た信玄は信長の本性を、「存外、

誠実な男」と値踏みし、警戒心を解いてしまった。

そればかりか、信長に乞われて後継者となる勝頼《かつより》の室に、信長の養女（美濃苗木城主・苗木勘太郎の息女）を迎えることを承諾してしまう。

信長はこうして懸命に時間を稼ぎながら、その間に対武田戦略を練り、より一層の武器を調達しては、来るべき対決の日に備えたのであった。

信玄になお余命があれば、上洛戦の途次、両者は畿内で一大決戦をしたかもしれないが、現実の勝敗は信玄の死後、信長が武田勝頼を相手に、長篠・設楽原《したらがはら》の戦いにおいて、「陣城《じんじろ》」（臨時の野戦城砦）の構築と三千挺の鉄砲の、一斉使用により、武田氏を事実上、滅亡させたことで証明した。

勝利の確信が得られるまで、決して無理をせず、忍耐強く時間を稼いで敵を籠絡する――これも重要な、兵法の一つといえよう。しかし、これをやり抜くには、その人物によほどの自信、克己心《こっきしん》がなくては適うまい。

主君が超ワンマンだったればこその昇運

豊臣秀吉《とよとみひでよし》

Profile

①天文6年(1537)~慶長3年(1598) ②62歳 ③尾張国中村出身。木下藤吉郎、羽柴秀吉と改名 ④近江国長浜城(現・滋賀県)、摂津国大坂城(現・大阪府)、山城国伏見城(現・京都府) ⑤豊国廟(現・京都府京都市)

フリーターから社長へ

尾張国の「織田家」は、先代・織田信秀《のぶひで》の時代に大いに分限を増し、実力で国内の四分の一程度を平定したものの、全体的には依然、脆弱《ぜいじゃく》な戦国の小大名でしかなかった。

この勃興途上の織田家を引継ぎ、日本全土の五分の二までをも、わずか三十年で占拠し、天下統一まであと一歩と迫ったのが、戦国の覇王・織田信長であった。企業にたとえれば、地場の町工場から身を起こし、国際的なグローバル・カンパニーへと急成長したようなもの。一代の偉業としては、奇跡ともいえよう。

この織田家急膨張の秘訣は、一《いっ》に〝ワンマン社長〟信長の手腕にあった。彼はほかの戦国大名と異なり、形式や慣習に拘束されることがなく、ただただ、スピードと効率、成果だけを求めた。人材も同じ基準で選んでいる。門地（家柄・家格）、出自（でどころ・生まれ）は無視、今日ならば出身学校や学歴を一切考慮しない、ということになろうか。

人物本位――換言すれば、〝道具凝り〟とでもいえようか。技術であれ、人間であってさえも、信長はより性能のよいものを追求し、その改良・工夫には、狂気に近いのめり込みぶりを示している。

主君が超ワンマンだったればこその昇運

――わかりやすい例が、鉄砲と豊臣秀吉であったろう。

鉄砲が日本に伝えられた時、一挺《ちょう》は現在の貨幣価値にして、約六千六百万円ぐらいもした。これを信長は、国産・大量生産により、三十年で一挺約五十～六十万円（一挺の価値を米十五石として）までの、コストダウンに成功している。

しかも、性能は格段にあがっていた。信長がこの鉄砲三千挺を揃え、長篠・設楽原の戦いで集中砲火をおこない、武田の騎馬隊に圧勝した、と伝えられてきたのは周知の通りである。

「――殿は、人も鉄砲同様に考えておわす」

この信長の性癖に、一番早く気づいたのが、木下藤吉郎時代の秀吉であった。卑賤《ひせん》あがりの秀吉は、己れを信長の道具に見立て、徹底してへりくだり仕えた。

信長にも、その気持ちは通じたようだ。足軽から小人頭《こびとがしら》に抜擢し、経理や兵站《へいたん》の才を引き出すとともに、次には土木建築を担当させ、ついには墨俣《すのまた》〝一夜城〟(出城)を築かせ、その守備隊長に任じ、後年は五人の方面軍司令官という、織田家の最高幹部の一人にまで登用している。

ただ、この二人の関係は、やや特殊であったことを、付言しておかねばならない。たとえは悪いが、子供が犬や猫をかわいがるあまり、首を絞めたり、宙づりにして振り回したりするような——信長は秀吉を「猿」とか「ハゲ鼠《ねずみ》」と呼び、気に入らぬことがあると、首根っ子をつかんでねじ伏せ、息がとまるまで押さえつけようとした。

そうまでされても、秀吉は信長を恨まず、むしろ敬愛しつづけている。妙に二人は呼吸の合う、俗にいう〝ウマが合った〟上司と部下の関係であった、といえそうだ。

主君が超ワンマンだったればこその昇運

もし、信長という存在が上にいなければ、秀吉のようなタイプは生涯、浮かばれることはなく、下積みのまま、多少の出世はしても、城持ちなどにはなれずに、不平・不満を抱えながら一生を終えたに違いない。

現代ならフリーター、契約社員から出発し、執行役員にまで出世するようなもの。秀吉はついにはさらに、天下人になっているのだから、今ならさしずめ、アルバイトで入った会社の社長まで登りつめたことになる。

頭の回転が速く、行動力に優れながら、学歴・資格を持たないといった、秀吉のようなハンディをもつタイプは、いつの時代も信長型リーダーのもとでしか、出世はできなかった。

と同時に、現代社会にも世に出れない〝秀吉〟は、数多《あまた》いるに相違ない。「是非《ぜひ》に及《およ》ばず」（『信長公記』）、ということであろうか。

信長構想を破綻させた若き名将

浅井長政《あざいながまさ》

Profile

①天文14年(1545)～天正元年(1573) ②29歳 ③浅井久政の子。浅井氏最後の当主。妻は信長の妹お市の方 ④近江国小谷城(現·滋賀県) ⑤徳勝寺(現· 滋賀県長浜市)

義理と情

永禄五年（一五六二）正月、尾張清洲城《きよすじょう》において、織田信長は三河の松《まつ》平元康《だいらもとやす》（のちの徳川家康）を招き、ここに両者の同盟が成立した。

尾張より東に同盟者を得て、心を強くした信長は、同様に西にも同盟者を求め、自領に併合した美濃の西隣に位置する、北近江の戦国大名・浅井《あざい》

信長構想を破綻させた若き名将

長政《ながまさ》と手を結ぶことを画策。そして永禄十年（同七年説もある）、自らの妹・お市《いち》を長政に嫁がせて、同盟成立に漕ぎつけた。

信長の「天下布武」構想は、東に家康、西に長政を配して、双方を競わせ、その要所に自家の重臣たちを配するようなものであったかと思われる。

だが、ものの十年も経たないうちに、一方の義弟は義兄に離反してしまった。なぜ、同盟は破綻したのか。

永禄十三年（四月二十三日に「元亀」と改元）四月に、越前の朝倉義景を信長が奇襲したことを、長政は約定違反と捕らえたのだ。

織田・浅井同盟締結時に、とくに浅井家から申し入れがあり、友誼《ゆうぎ》の朝倉家と万一、織田家が事を構える場合は、事前に浅井側へ通知する、との約定が交わされていた。にもかかわらず、信長はその事前通知をしなかった。

長政はすかさず、織田・徳川連合軍の後方を遮断した。

のちにして思えば、このときが長政の、生涯を決する岐路《きろ》であったかもしれない。父祖三代にわたって、朝倉氏に恩義のある浅井家では、それに報いるのはこの時とばかり、長政の父・浅井久政《ひさまさ》は織田・徳川連合軍への総攻撃を主張し、長政は当初、それに抗《あらが》ったものの力及ばず、結果として妻ではなく、父を選んでしまった。

長政には、信長の「天下布武」の理想＝乱世を終息させる志が理解できていた。それでいて同盟破棄《はき》、参戦に同調したのは、情義に彼が引き摺《ず》られたからであったろう。選択の善し悪しではない。これも一つの決断であったろう。

だが、組んだ相手の質が悪かった点も、見落としてはなるまい。

長政のおかげで、絶体絶命の窮地に信長を追い詰めながら、朝倉勢はこ

信長構想を破綻させた若き名将

れを殲滅できず、ことごとくを取り逃してしまった。

（もはや、これまでか……）

と、長政が溜め息をついたかどうか。

しかし、彼は義兄という人の性癖は熟知していたはずだ。五月二十一日、九死に一生を得て、信長は岐阜へ戻った。そして、直ちに断乎《だんこ》たる報復を開始する。

すぐさま、浅井家の内訌《ないこう》（うちわもめ・内紛）を画策。木下藤吉郎や竹中半兵衛に、浅井家に従う近江の国人・堀秀村《ほりひでむら》と樋口直房《ひぐちなおふさ》を調略させ、長政から引き離して、その効果があらわれると、すかさず国境辺りの浅井方の砦《とりで》を攻略した。

あげく、織田軍は浅井氏の居城・小谷城《おだに》まで深く侵攻し、領内の村々に火を放つ。小谷城下を襲撃した信長は、一転、後退して横山城を包囲した。

報復、姉川の戦い

なぜ、横山城なのか。この城が、臥龍山《がりゅうさん》の山頂にあったからだ。

南北に細長いこの山は、単なる北岸に対する南岸としての意味合いをこえ、交通の要地としても重要であった。北側には北国街道が通じ、南側には京に通ずる中山道が走っている。

信長はこの戦略的価値を、決して見逃さなかった。時を移せば横山城は、岐阜と京を結ぶ織田家の生命線を遮断する脅威となりかねなかった。

加えて、臥龍山の北端・龍ヶ鼻の西には国友村《くにとも》（現・滋賀県長浜市国友町）がある。ここには日本で最高水準の技術をもつ、鉄砲鍛治の集団が住んでいた。いわば工業団地、技術基地である。

さらに信長の卓越した作戦能力は、横山城を攻めることで若い長政が救援のため、遮二無二《しゃにむに》出撃してくることを必至、と読んでいたところにあった。

六月二十八日未明から、姉川を挟んで対峙した織田・徳川連合軍と浅井・朝倉連合軍の戦いは、午前十時、徳川勢と朝倉勢の激突《げきとつ》で幕を開け、一方で織田勢と浅井勢がぶつかった。

浅井家の名将・磯野《いその》員昌《かずまさ》は、幾重にも布いた信長の陣形を突破し、大いに織田方を慌《あわ》てさせた。員昌にはこの一戦の重大さが、骨身に沁《し》みていたのであろう。敗れれば、浅井家は滅びる――必死の攻勢をつづけたが、横山城の包囲を担当していた信長方の、〝西美濃三人衆〟の救援により、浅井勢は側面を突かれ、形勢は逆転。ついには北へ、浅井・朝倉連合軍は敗走した。浅井・朝倉の命運はこの時、定まったといってよい。

天正元年（一五七三）八月二十六日、信長は越前から近江虎御前《とらごぜ》山へ転戦。その砦に入ると、木下藤吉郎に小谷城攻めについて質《ただ》した。

この一戦には、配慮せねばならない事項がひとつあった。信長の妹・お市とその子供たちの救出である。

『武功夜話』などによれば、先陣を願い出た秀吉に、信長が妹の救出を条件づけたとあるが、あえていわれずとも、藤吉郎は心働きをしたであろう。ともあれ、どうすれば、お市たちを無傷のまま救出できるだろうか。

長政とお市の夫婦仲はいたって睦《むつ》まじく、一男三女をもうけていた。お市が夫に殉じる可能性は、決して低くはなかったのである。

一説によると、竹中半兵衛がその洞察力をもって、一計を献じたという。すなわち、長政のいる郭《くるわ》と父・久政の守る郭との間にある、「京極郭」を攻撃・占拠し、父子の連絡を遮断するように、と提案したというのだ。

八月二十八日、追いつめられた久政は自害。当主の長政は、妻と娘三人(のちの淀殿《よどどの》、京極高次《きょうごくたかつぐ》室、徳川秀忠《ひでただ》室)を信長の許に送り届けて、嫡子万福丸は城から落とし、九月一日に自刃して果てた。享年二十九。

ただ、万福丸は小谷落城後に捕えられ、十月十七日、美濃関ヶ原（現・岐阜県不破郡関ヶ原町）で磔《はりつけ》となっている。

信長は戦後処理をすませると、北近江の旧浅井領の、ほぼ全域を藤吉郎に与えた。石高にして、十二万石ほどである。

「江北浅井跡一職進退《いっしきしんたい》」（『信長公記《しんちょうこうき》』）とあった。

今次合戦における、最大の褒賞である。

とともに、羽柴（のち豊臣）秀吉を名乗ることになった藤吉郎は、この時点で信長構想における、長政の位置を補完した、といえるかもしれない。

それにしても、歴史のｉｆの可能性を想わせる、長政の決断、結末であった。

◇本書に登場する戦国武将の生誕順年表

西暦		元号	生年
1415 ▼ 1500	1415年	応永22年	蓮如
	1432年	永享4年	伊勢宗瑞（北条早雲）
	1494年	明応3年	武田信虎、斎藤道三
	1497年	明応6年	毛利元就
1501 ▼ 1520	1510年	永正7年	松永久秀
	1513年	永正10年	真田幸隆
	1515年	永正12年	北条氏康
1521 ▼ 1530	1521年	大永元年	武田信玄
	1522年	大永2年	柴田勝家
	1525年	大永5年	滝川一益、武田信繁
	1527年	大永7年	斎藤義龍、佐久間信盛
	1528年	享禄元年	明智光秀
	1530年	享禄3年	上杉謙信、大友宗麟
1531 ▼ 1540	1534年	天文3年	織田信長、細川藤孝
	1535年	天文4年	丹羽長秀、島津義弘
	1537年	天文6年	豊臣秀吉
	1538年	天文7年	前田利家、本多正信、北条氏政
	1540年	天文9年	羽柴秀長
1541 ▼ 1550	1542年	天文11年	徳川家康、九鬼嘉隆
	1544年	天文13年	竹中半兵衛
	1545年	天文14年	山内一豊、浅井長政、山中鹿介
	1546年	天文15年	黒田官兵衛
	1547年	天文16年	浅野長政、吉川経家
	1548年	天文17年	本田忠勝
1551 ▼ 1560	1556年	弘治2年	蒲生氏郷、藤堂高虎
	1557年	弘治3年	片倉小十郎
	1558年	永禄元年	織田信雄、織田信孝
	1560年	永禄3年	直江兼続
1561 ▼ 1570	1561年	永禄4年	井伊直政、福島正則
	1562年	永禄5年	加藤清正、北条氏直
	1566年	永禄9年	真田信之
	1567年	永禄10年	真田信繁（幸村）
	1569年	永禄12年	立花宗茂　※永禄10年（1567）とも。
	1570年	元亀元年	佐竹義宣

己れの不得手を家臣育成でカバーした

黒田官兵衛《くろだかんべえ》

Profile

①天文15年（1546）～慶長9年（1604） ②59歳 ③姫路城代・黒田職隆の子。羽柴（のち豊臣）秀吉の軍師。筑前福岡藩祖 ④播磨国姫路城（現・兵庫県）、豊前国中津城（現・大分県）、筑前国福岡城（現・福岡県） ⑤崇福寺（現・福岡県福岡市）ほか

組み合わせの妙

黒田官兵衛孝高《よしたか》が、大坂の天満屋敷に、心やすい人々を集めて歓談したことがあった。豊臣政権が誕生して、間もない頃のことである。

このとき、居合わせた糟谷《かすや》武則《たけのり》（あるいは、加須屋《かすや》真雄《さねお》）が、無遠慮にも官兵衛に向かって訊ねた。

「貴殿の武名は世に隠れもないが、敵将の首を取り、軍旗を奪った、などの功名をこれまで聞いたことがない。これはどういうことであろうか」

糟谷は秀吉の子飼いで、小姓から出発して〝賤ヶ岳七本槍〟の一人に数えられた武辺者である。このころは栄進して、加古川一万二千石の城主となっていた。のちのことを言えば、関ヶ原の戦いで西軍につき、失領ののち、幕府から五百石をもって起用されている。

官兵衛は、糟屋の無礼な問いに、にこやかに答えていう。

「人には得手と不得手がある。わしは若い頃から、槍をふるって敵陣に駆け込み、あるいは刀をもって、敵と渡り合うのは不得手であった。しかし、采配をとって、一度に多くの敵を討ち取るのは得手であった。そのことは、そなたたちも存知ておろう」（岡《おかの》谷《や》繁実《しげざね》著『名将言行録』）

ここで重要なのは、智力をもって乱世を生き抜いた官兵衛が、自らが育

己れの不得手を家臣育成でカバーした

てた家臣団においては逆に、勇猛果敢、一騎当千の強者《つわもの》を輩出していた史実である。彼のこうした家臣統率の原理・原則は、一面、己れの欠陥＝自身の身体が頑強ではない、との負の遺産から出発していた。生来、病弱な質であった官兵衛は、自ら馬上で巧名をあげることは無理だと悟り、半面、身体の頑強な者、腕力に富む若者を見出しては、有能な家来に育てた。

のちに「備後」と名乗って、黒田家で常任の先鋒大将となった栗山善助《くりやまぜんすけ》利安《としやす》も、官兵衛のもとに奉公にあがったのは十五歳のおりであった。主人官兵衛も、いまだ二十歳でしかなかったから、二人は主従というよりは、兄弟に近い愛情をもっていたというべきかも知れない。

官兵衛は他方で、栗山に室町幕府の行儀作法を身につけさせている。何処へ使いをしても、恥ずかしくないようにとの配慮であった。

栗山は十五歳で初陣して以来、戦場での功名は十一度を数えたという。

膂力《りょりょく》にめぐまれ、胆力もあり思慮ぶかい男であった。

天正六年（一五七八）に荒木村重が織田信長を裏切ったおり、摂津国有《あり》岡《おか》（伊丹）城に官兵衛が村重を説得に行き、捕らえられて牢獄に入れられたのを、救出したのはこの栗山であった（天正七年十月）。

いまひとり、黒田家の柱石とたのむ重臣に、母里《もり》（正しくは、ぼり）太兵衛（のち但馬）友信《とものぶ》がいた。彼は関ヶ原の戦いのあと、広島の大名となった福島正則のもとに使いをして、正則から酒を強《し》いられ、それを大盃で飲み干して、正則の秘蔵する名槍「日本号」を取りあげて帰った逸話で知られている。「黒田節」に唄われた、豪傑といえばわかりやすい。

黒田家が大成してから、栗山は〝一老〟、母里は〝三老〟と称されて尊重されたが、二人と並んで〝二老〟と呼ばれた井上九郎右衛門利房《いのうえくろうえもんとしふさ》（周防《すおう》）も、戦場での巧みさでは決して、栗山、母里にひけはとらなかった。

関ヶ原の戦いで井上は、九州で黒田家の別働隊を率いて杵築《きつき》城の危急を救い、大友義統《おおともよしむね》（宗麟《そうりん》の嗣子）を敵とした石垣原《いしがきばる》の決戦でも、自らが戦場を馳せている。

黒田家ではこうした豪傑たちを、江戸中期には一括《ひとくく》りにして、「黒田二十四騎」と称した。この中には大坂の陣で勇名を馳せた、城方の牢人で侍大将の後藤《ごとう》又《また》兵衛《べえ》基次《もとつぐ》の名も含まれている。

官兵衛の家来は、ほとんどがもとは百姓のあがりであったかと思われる。おそらくら官兵衛は、侍というものは生まれながらにして侍ではなく、育つ過程で創られるものだ、と考えていたふしがあり、適材適所ですべてを自身が手塩にかけて育てた。

「家中間善悪ノ帳」と題する覚書が、その没後に筐底《きょうてい》から出てきている。この覚書には、官兵衛がみずから家臣一人一人の、交遊関係を調べた記述があり、合戦その他の仕事に、誰と誰を組み合わせると、各々にとってためになるか、能率が向上するか、を日頃から心がけていたさまがうかがえた。

先述の栗山利安、母里太兵衛の二人も、官兵衛が組み合わせて競わせ、ともに立派な武士に育てあげた経過があった。

二十歳前後の当時、栗山には人にまさる思慮分別があったが、決断に時間のかかる欠点があった。かたや母里は、勝ち気のあまり猪突猛進のきらいがあり、いくら注意しても直らない。

そこで官兵衛は、双方の長所をのばし、短所を矯正するため、年長の栗山を兄、母里を弟と定めて、二人に義兄弟の誓紙を書かせたのであった。この手法は、大成功を納めた。

同様に、今日の組織内における、組み合わせの参考ともなるに違いない。

本多忠勝《ほんだただかつ》

Profile

①天文17年(1548)～慶長15年(1610) ②63歳 ③三河国松平氏の譜代の家臣、本多忠高の子。徳川四天王。50回以上参戦し一度も負傷しなかったという ④上総国大多喜城(現·千葉県)、伊勢国桑名城(現·三重県) ⑤浄土寺(現·三重県桑名市)

最大の武器は忠勇

徳川家康が天下を取る過程で、数多《あまた》活躍した家臣の中に、特別に〝徳川四天王〟と呼ばれる四人の武将が指を折って数えられた。

酒井《さかい》忠次《ただつぐ》・本多《ほんだ》忠勝《ただかつ》・榊原《さかきばら》康政《やすまさ》（忠勝と同年生まれ）・井伊《いい》直政《なおまさ》であり、このうち前二者は安祥《あんじょう》譜代――文明年間（一四六九～八七）からの、徳

川家の出身母体＝松平党に、すでに参加していた家臣の系譜に連なってい
た。
　筆頭の酒井小平次忠次は、文永七年（一五二七）の生まれ。家康より
十五歳の年長。家康がいまだ、兵を三分していた若い頃、その三分の一を
率いていた。
　それに比べると、同じ安祥譜代でも、天文十七年（一五四八）生まれの
本多平八郎忠勝は、はるかに若かった。家康より、六歳の年少になる。
十三歳にして初陣を飾った忠勝は、上洛をめざす東海の太守・今川義元《いまがわよしもと》
の先鋒となって、家康の尾張大高城（現・愛知県名古屋市緑区）への兵糧
運びに参戦している。
　以来、歴戦の将であったがために、忠勝は武勇一点張りの人物とみられ
がちであったが、あながちそうともいえなかった。

信玄と秀吉を唸らせた家康の臣

元亀三年（一五七二）十月、武田信玄が二万二千余の大軍を率いて、遠江見付《みつけ》の原（現・静岡県磐田市）に押し寄せ、袋井に侵入してきたことがある。家康は天龍川に出陣し、その先陣は三加野に進出した。その数、およそ八千余。ここで家康は、忠勝に戦術をはかった。

「地の利は敵にあり、一応退くが得策――」

彼は答えたという。

家康も納得したが、敵味方の距離が接近し過ぎていて、味方に退陣命令を伝えるのが困難な状況となっていた。このとき、敵味方の間に馬を乗り入れ、縦横に馳せめぐらせて、味方に下知して無事に退かせ、追尾しようとする敵軍を〝蜻蛉切《とんぼぎり》〟と異名をとった名槍をふるって突きくずし、殿軍《しんがり》役を見事に果たしたのが忠勝であった。ときに、二十五歳。

見事にしてやられた武田勢も、忠勝の豪勇ぶりは認め、

〝家康に過ぎたるものは二つあり　唐《から》の頭《かしら》に本多平八（郎）〟

と謳った。

ついでながら、唐の頭とは兜の頂上に舶来品の犛牛《りぎゅう》（毛色のまだらな牛）の毛を飾ったもののことである。この戦いの三ヵ月後におこなわれた三方ヶ原の合戦でも、忠勝は先鋒をつとめ、敗戦の中、徳川家の血路を開くことに成功している。

その忠勝が、年を取ってからのこと。ある日、〝蜻蛉切〟の柄を三尺（約一メートル）ばかり、自ら切り捨てた。家臣が不審に思って理由を訊《たず》ねると、忠勝は答えていったものだ。

「すべからく武器は、己れの力を計って用うべきものである」

彼は以前ほどに、槍が振れなくなっていたのだろう。家臣たちは忠勝の、名より実を取る思慮の深さに、あらためて敬服したという。

信玄と秀吉を唸らせた家康の臣

天正十二年（一五八四）、家康は信長の遺児信雄《のぶかつ》と組み、秀吉に天下分け目の合戦を挑んだ。小牧・長久手の戦いである。

秀吉は池田恒興《いけだつねおき》の献策を容《い》れて、恒興に三河侵攻を許したが、四月九日、長久手でその恒興は家康の本隊に討ち取られてしまう。

大いに怒った秀吉は、自ら打って出た。その軍勢、およそ八万(二万とも)。

忠勝はこのとき、小牧の陣にあった。が、秀吉の大軍が来襲すると聞くや、わずか五百の兵を率いて出陣。そのまま、八万の秀吉軍の前面に出た。

無謀といってよい。五百は、あまりにも少数でありすぎた。皆殺しにされるために、出現したようなものだ。

ところが、それを知った秀吉は、思わず涙を滲ませる。

「わずか五百の兵をもって、わが大軍に挑むはもとより、死を覚悟のうえであろう。死を賭《と》してときをかせぎ、主君の勝利をはかろうとする、その志は忠勇至極ではあるが、あまりに兵力が少なすぎる。あたら勇者を討つべからず」

こうして忠勝は、生命《いのち》を秀吉に救われた。

慶長五年（一六〇〇）九月、関ヶ原の合戦では、この忠勝が四天王の井伊直政とともに、東軍先鋒の福島正則の監軍役として働き、九十余の敵首級を挙げている。

翌六年二月、忠勝は大多喜《おおたき》十万石から伊勢国（現・三重県の大半）に移封となり、桑名十五万石を与えられた。同十四年、忠勝は家督を嫡子忠政に譲って、自らは隠居している。翌十五年十月十八日、六十三歳でこの世を去った。

後世、「三河武士」は忠勝のイメージをもって語られた、といっても過言ではあるまい。

〃独眼龍〃を支えた名家老

片倉小十郎《かたくらこじゅうろう》

Profile

①弘治3年(1557)～元和元年(1615) ②59歳 ③諱は景綱。出羽国米沢成島八幡神社の神職の子。伊達政宗の補佐役 ④陸奥国二本松城(現・福島県)、陸奥国白石城(現・宮城県) ⑤片倉家廟所(現・宮城県白石市)

かくも重き存在感

天正十八年（一五九〇）三月、豊臣秀吉は西国の軍勢二十万をもって、小田原北条氏攻めの軍を起こした。

この時、会津黒川城（会津若松城）の城主・伊達《だて》政宗《まさむね》は進退きわまってしまう。老臣たちは皆、秀吉と一戦を交える気概を示したが、現実問題として、戦って勝てる相手ではない。さりとて、参陣の機会《タイミング》を逸《いっ》したいまごろになって、小田原へ遅参しても生命《いのち》、領土の保障はなかった。

その夜——正確には五月四日、政宗は城内三の曲輪《くるわ》にある重臣・片倉小《かたくらこ》十郎景綱《じゅうろうかげつな》のもとを密かに訪ね、彼の真意を重ねて尋ねた。

主君政宗の、進退維《こ》れ谷《きわ》まった沈痛な問いに、小十郎は辺りに飛ぶ蝿を、団扇《だんせん》（うちわ）で追い払いながらいう。

「殿、要はこれでございますな。そう、団扇と蝿……」

伊達家を団扇とすれば、蝿は秀吉の大兵であり、彼らは蝿と同様、追えども殺せども尽きることはない。

また、秀吉を団扇とすれば、殿は団扇が振り上げられたときには、すばやくお逃げになればよろしいのです、と小十郎はたとえた。

その言に、政宗は救われたようだ。

「夜中、騒がしてすまなかった。小十郎はわしに、この際、蝿になれと申すのじゃな。わっはっはっは」

政宗と小十郎は、以心伝心の主従であったといってよい。

意を決した政宗が、会津を出発したのは五月九日——小田原へ到着したのは六月五日のことであった。同月九日、秀吉は石垣山（当時は笠懸山《かさかげやま》）の陣所で政宗を引見したが、そのおり、政宗は髪を水引きで一束に結い、白の死装束で現われた。その傾《かぶ》いた姿を気にいった秀吉は、会津の新領は没収したものの、本領を安堵し、政宗を無事に帰国させている。

政宗を救った小十郎は、『伊達世臣家譜』（田邊希文《たなべまれふみ》編）によれば、米沢八幡宮の神主・片倉式部少輔《しきぶのしょう》景重の二男として生まれたとある。天正三年、伊達家の嫡男・梵天丸《ぼんてんまる》（のち政宗）が九歳のとき、その傅役《もり》となった。

小十郎が出会ったころの梵天丸は、疱瘡《ほうそう》（天然痘《てんねんとう》）をわずらい、そのうみが右眼に入り、失明して隻眼《せきがん》となっていたためか、無口で引っこみ思案の子供であったようだ。近習たちは、とても大将の器にはほど遠いと囁《ささや》き合い、また生母（義姫《よしひめ》）も失望落胆し、次男の竺丸《じくまる》が生まれてからは、そちらばかりを可愛がる有り様であった。

が、小十郎はひとり、政宗の非凡さを見抜き、陰に陽にこの若殿をかばい、ときには叱咤激励《しったげきれい》をくり返した。二人は、ウマも合っていたのだろう。

その様子を見ていた政宗の父・伊達輝宗《てるむね》は、小十郎を信任し、天正十二年、息子の政宗が十八歳になると、突如として家督を譲ってしまう。

天下人の秀吉も、小十郎を直臣にしたいと執拗《しつよう》に誘ったが、その手に乗る人物ではなかった。慶長七年（一六〇二）、小十郎は伊達家の領地のうち、刈田《かった》郡・白石城《しろいし》（現・宮城県白石市）一万三千石を拝領。元和元年（一六一五）十月、五十九歳でこの世を去った。

主導権を握れなかった名将

直江兼続《なおえかねつぐ》

Profile

①永禄3年(1560)～ 元和5年(1619) ②60歳 ③越後国の長尾政景家臣・樋口家出身。上杉氏家老。上杉景勝側近 ④出羽国米沢城(現・山形県) ⑤林泉寺(現・山形県米沢市)

判断の難しい、補佐役の限界

「君《きみ》為《た》ること難《かた》く、臣《しん》為ること易《やす》からず」

孔子が『論語』の中でため息まじりに、当時、巷間にいわれた言葉を引用している。

君となって天職を果たすことは難しく、また、臣となってその職責を全うすることも容易ではない、との意だが、トップと補佐役では、その難しさの質が異なっていた。最終決定権の有無、といい換えてもよい。

たとえば戦国時代、一世を風靡した上杉謙信の後継者となった景勝《かげかつ》と、彼を補佐した直江兼続《なおえかねつぐ》。もとは、陪臣（家臣の家来）の身分であった兼続は、名将謙信の薫陶《くんとう》を受け、五歳年長の景勝の近習として育った。

兼続にとって主君であり、師でもあった謙信が脳溢血で倒れ、人事不省のまま没すると、上杉家は景勝ともう一人の養子・景虎《かげとら》による、跡目争い＝御館《おたて》の乱が勃発する。この争いは、謙信が明解に己れの後継者を指名しておかなかったことに、由来していた。

この内戦を兼続は、外交で敵方であった武田勝頼《たけだかつより》を味方につけ、景虎の実家である北条氏を牽制、国内の支持を固めて、景勝を勝利へ導いた。

景勝はこの功にむくいるべく、天正十年（一五八二）、上杉家の宿将中、群を抜く「直江」姓を継がせ、名実ともに兼続を上杉家宰相へと押し上げた。

天正十六年、景勝・兼続主従は、天下人となった豊臣秀吉に臣下の礼を取った。このとき秀吉は、兼続に従五位下山城守の叙任をはかり、豊臣姓の名乗りも、景勝と同時に許している。

また、慶長三年（一五九八）、秀吉は景勝を会津に移封したおり、兼続に米沢三十万石を宛行《あてが》うように、とくに景勝へ命じていた。もし、兼続が望めば、豊臣政権下で独立した大名ともなり得たであろう。が、彼は景勝の補佐役に徹しつづける。

秀吉の死後、豊臣政権への謀叛の嫌疑をかけられた景勝に、五大老筆頭の徳川家康が上洛を命じるが、景勝はこれを拒絶。このとき兼続が、家康に宛てた書状で、同じ五大老の身分である家康から、命令されるのは合点がいかぬ、そちらが会津に攻め寄せてくるのなら、万事はそのおりに決着をつけようではないか、と書き送った「直江状」は世に有名だが、今日では明らかな後世の偽作とされている。

それはともかく、家康は会津征伐の大軍（のちの東軍）を動かした。

上杉全軍を束ねる兼続は、家康らの軍勢を迎撃すべく、万全の態勢をもって臨んだ。敵軍を自領に迎える間際、即戦で叩くのが謙信以来の上杉戦法である。ところが、石田三成《いしだみつなり》の西軍挙兵によって、家康は下野国《しもつけのくに》小山《おやま》（現・栃木県小山市）から、軍を西へ旋回させてしまった。

兼続は直ちに、家康を追尾して討つことを景勝に進言する。が、これまで兼続と見解を違《たが》えたことのなかった景勝が、

「勝てるが故《ゆえ》に戦わず」

との謙信の美学を持ち出して、追撃を許可しなかったのである。

——補佐役の限界は、ここにあった。

主導権を握れなかった名将

二度、抗弁した兼続は、それ以上の言を差し控えた。

中世最大の応仁・文明の乱は、終息するのに十年かかっている。関ヶ原も当初は、長期化が懸念された。兼続は次善の策として、上杉領の拡大＝最上領の併合を策定した。そして決行されたのが、長谷堂の戦いであった。景勝もこれには、反対していない。

だが、〝天下分け目の戦い〟は大方の予想とは異なり、わずか一日で決着がつき、戦後、上杉家は米沢三十万石に減封《げんぽう》される。兼続は何も語らず、黙々と領国経営に専念し、その死後において表高三十万石を実収五十万石といわれるまでに、米沢藩上杉家を育てあげる軌道を敷いた。

元和五年（一六一九）十二月十九日、一代の名補佐役は死去する。ときに兼続は、六十歳。

補佐役の分限ほど、あるいは判断の難しいものはなかったかもしれない。

井伊の赤備えに秘められた真実

井《い》伊《い》直《なお》政《まさ》

Profile

①永禄4年（1561）～慶長7年（1602）②42歳 ③今川氏家臣で、遠江国井伊谷の領主の子。徳川四天王。近江彦根藩祖 ④上野国箕輪城・高崎城（現・群馬県）、近江国佐和山城（現・滋賀県）⑤清涼寺（現・滋賀県彦根市）

関ヶ原で家康を勝たせたもの

天正三年（一五七五）の冬、鷹狩りを浜松で催《もよお》した徳川家康は、当時十五歳の井伊虎松（のち万千代・直政）を一目みて、その器量が凡庸でないことを見抜き、召し出して三百石を与えた。

井伊家は南北朝の頃から、遠江の井伊谷《いいのや》（現・静岡県浜松市北区引佐《いなさ》町井伊谷）を本拠とする国人で、今川氏の家臣団に組み込まれ、当主の直盛は今川軍の先鋒として出陣し、桶狭間の戦いで討死。直盛に男子がなかったため、一族から直親《なおちか》が迎えられたものの、この人物は松平元康《もとやす》（のちの家康）との内通を疑われて殺されてしまった。虎松はその息子であり、しばらく郷里から身を隠していた。

そのこともあって、家康は虎松を大切に扱った、ともいえた。

――虎松改め万千代が、家康ともども不運な負け戦《いくさ》に出会ったことがあった。

主従五、六人が退却の途中、とある神社に赤飯が供えられているのを見つけた。朝から何も食していない家康と家臣たちが、それをむさぼるようにして食べるなかで、一人、万千代は赤飯に手を出さない。

「飢えをしのがぬは、馬鹿者ぞ」

気遣って家康が言うと、万千代は次のように答えた。

「それがしは一人、ここに踏みとどまって討死にする覚悟にございます。それがしが防いでいる間に、どうか殿はお退きください。それがしが死んでのち、敵が社頭の赤飯を盗み食いした、とそれがしに嫌疑をかけられては、いかにも無念。それゆえ、それがしは食しませぬ」

家康は、三河主義を生涯貫いた男である。それがたった一人、家臣では新参といってもよい万千代＝直政を、破格に取り立てた。先代からの因縁に加え、よほどの奉公ぶり、その知略と武辺が際立っていたのだろう。

やがて、長《なが》の歳月、家康を苦しめてきた、戦国最強を謳《うた》われた武田氏が滅亡した。天正十年（一五八二）三月のことである。

このとき家康は、武田家の遺臣七十四騎と、名のある坂東《ばんどう》武者四十三騎を直政に与えた。併せて、〝武田二十四将〟の中でも、つとに武名の高かった山県《やまがた》昌景《まさかげ》の「赤備《あかぞな》え」をも、直政に受け継がせている。具足《ぐそく》、旗、指物《さしもの》、鞍《くら》、鐙《あぶみ》、鞭《むち》にいたるまで、武装を赤一色に染めた「赤備え」が再編された。

井伊の赤備えに秘められた真実

見方を変えれば、井伊家がこの時点で、徳川家の最強軍団——軍役でいえば、先鋒をつとめる宿命を担ったことになる。

その直政が、関ヶ原の開戦——第一の銃声を轟《とどろ》かせた。

すでに名乗りは、井伊兵部少輔であり、家康の四男・松平忠吉《ただよし》の介添《かいぞえ》を命ぜられる立場となっていた。このとき直政は四十歳、忠吉は二十一歳。

霧のようやく薄れゆく中、名誉の、開戦の口火を切った直政は、戦《いくさ》の大勢が決してのち、あえて中央突破を企てた島津勢に対しても、堂々と渡り合い、主将・島津義弘の甥である豊久《とよひさ》を討ち取り、自身も銃創を得た。

その直政が、戦いが終わり、肘《ひじ》を布で巻いた手負いの忠吉に付き添い、家康の本陣に帰陣した。このとき、直政が靫《ゆぎ》（矢を入れて背に負う箱形の具）に手を掛けていたのは、これも鉄砲疵《きず》を受けていたからであった。深手であったが直政は、自らのことには触れず、家康に向かっていう。

「逸物《いちもつ》の鷹（家康）の子（忠吉）は、さすがに逸物でござった」

「それは鷹匠（直政）の腕がよいからであろう」

家康は応じ、手ずから、自前の薬を直政の傷口に塗ってやったという。

この時、その場には福島正則も居合わせていた。

この日の朝、直政・忠吉らは福島勢の先鋒隊長の可児才蔵《かにさいぞう》から、

「今日の先鋒は、左衛門大夫《さえもんたゆう》（福島正則）なるぞ」

と、前線への行く手を阻まれた。それを誑《たばか》って抜け駆けしたのは、直政であった。

彼はまず、正則に詫《わ》びた。

「今朝の先駆けは、戦《いくさ》の潮合《しおあい》によるもので、貴殿を出し抜くつもりは毛頭《もうとう》なかった」

家康の御前でもあり、正則はものわかりのいいところを口にした。

「ご念のいった申し条、痛み入る」

井伊の赤備えに秘められた真実

――野合わせ（野戦）は総じて、だれの手ということはなく、敵に取りつき、いつにても戦端を開くのがよかろうと存ずる、とまで言葉を足した。

その応答を聞いた直政は、喜色を浮かべて座を立った。だが、この知略の将は決して単純な侍ではない。一間《いっけん》ほど歩いたところで、ふと立ち止まって踵《きびす》を返すと、正則の傍《かたわ》らに戻ってくるなり、

「左候《さそうら》はば、今日の一番合戦は我らにて候。さよう、お心得《こころえ》賜《たま》はれよ」

と言い放った。これには、さしもの正則も二の句がつげなかったという。

戦後、直政は敵将・石田三成の居城・佐和山において十八万石を与えられる。

慶長七年（一六〇二）二月一日、この一代の武勲の将は、関ヶ原での戦傷がもとでこの世を去った。享年四十二、まさに厄年であった。

直政の「赤備え」は、後継者の井伊直孝《なおたか》に受け継がれ、大坂の陣でも活躍することになる。

◇本書に登場する戦国武将の没年順年表

西暦		元号	没年	主な出来事
1499▼1570	1499年	明応8年	蓮如	1553 川中島の戦い
	1519年	永正16年	伊勢宗瑞（北条早雲）	1560 桶狭間の戦い
	1556年	弘治2年	斎藤道三	1570 金ヶ崎の退き口
	1561年	永禄4年	武田信繁、斎藤義龍	1570 姉川の戦い
1571▼1580	1571年	元亀2年	毛利元就、北条氏康	
	1573年	元亀4年	武田信玄	
		天正元年	浅井長政	
	1574年	天正2年	武田信虎、真田幸隆	1575 長篠の戦い
	1577年	天正5年	松永久秀	
	1578年	天正6年	上杉謙信、山中鹿介	
	1579年	天正7年	竹中半兵衛	
1581▼1590	1581年	天正9年	佐久間信盛、吉川経家	
	1582年	天正10年	織田信長、明智光秀	1582 本能寺の変
	1583年	天正11年	柴田勝家、織田信孝	1582 山崎の戦い
	1585年	天正13年	丹羽長秀	1583 賤ヶ岳の戦い
	1586年	天正14年	滝川一益、井伊直虎	1587 秀吉九州平定
	1587年	天正15年	大友宗麟	1590 小田原征伐
	1590年	天正18年	北条氏政	1590 奥州仕置
1591▼1600	1591年	天正19年	羽柴秀長、北条氏直	
	1595年	文禄4年	蒲生氏郷	
	1598年	慶長3年	豊臣秀吉	1600 関ヶ原の戦い
	1599年	慶長4年	前田利家	
	1600年	慶長5年	九鬼嘉隆	
1601▼1610	1602年	慶長7年	井伊直政	1603 江戸幕府成立
	1604年	慶長9年	黒田官兵衛	
	1605年	慶長10年	山内一豊	
	1610年	慶長15年	本田忠勝、細川藤孝	
1611▼1620	1611年	慶長16年	加藤清正、浅野長政	1614 大坂冬の陣
	1615年	慶長20年	真田信繁（幸村）	1615 大坂夏の陣
		元和元年	片倉小十郎	
	1616年	元和2年	本多正信、徳川家康	
	1619年	元和5年	直江兼続、島津義弘	
1621▼1660	1624年	寛永元年	福島正則	
	1630年	寛永7年	藤堂高虎、織田信雄	
	1633年	寛永10年	佐竹義宣	
	1642年	寛永19年	立花宗茂	
	1655年	明暦元年	松野重元	
	1658年	万治元年	真田信之	

第三章

私には私の生き方がある

信繁は人となり聡明沈毅《そうめいちんき》にして謹信周密《きんしんしゅうみつ》、
武略勇威を兼ね備えて、家中の誰しもが仰ぎ見る存在である。
その信繁がわが子に、真友《しんゆう》（気の許せる親友）たりとも
淫乱雑談なすべからず。
もしその人がおかしなふるまいをしていたならば、
目立たないように、そっとその座を立つべし、
と教え諭した。

【武田信繁】

北条氏康《ほうじょううじやす》

Profile

①永正12年(1515)～元亀2年(1571) ②57歳 ③北条氏綱の子。後北条氏3代当主。関八州の大半を支配下におく ④相模国小田原城(現・神奈川県) ⑤早雲寺(現・神奈川県箱根町)

「河越夜討ち」の真相

鎌倉時代の執権北条氏と区別して、〝後北条氏〟と呼ばれた戦国大名家は、史上、五代つづいたが、そのうち伊勢宗瑞(北条早雲)—北条氏綱《うじつな》—北条氏康《うじやす》と、三代つづいて奇跡のように名将を出すことに成功していた。

初代が伊豆と相模の二ヵ国を手に入れ、二代が武蔵(現・東京都と埼玉県、

信玄•謙信と互角に戦う

神奈川県東部）を領有。三代が上総（現・千葉県中部）、下総（現・千葉県北部）、上野（現・群馬県）と攻め取り、関東一円を席捲《せっけん》、独自の領土化に成功した。

とくに三代目の氏康は、性格が地味ではあったものの、今川義元、武田信玄、上杉謙信といった強豪を相手に一歩も退かず、巧みに外交と軍事のバランスをとって、俗に〝北条氏の関八州〟といわれた支配圏を、徹頭徹尾、守り抜いた。

——彼には、「関東独立国家構想」とでもいうべき理想があった。

北条家では、二代氏綱が大永二年（一五二二）に関東公方の一《いっ》・古河《こが》公方の足利高基《たかもと》に接近し、高基の子・晴氏《はるうじ》の妻として、己れの娘を送り込むことに成功。そのうえで、江戸城にあった関東管領職《かんれいしき》の扇谷上杉朝興《ともおき》を攻め、その子・朝定《ともさだ》の代に扇谷上杉氏の本拠・河越《かわごえ》（川越）城を奪取することにも成功している。氏綱は、娘婿・北条綱成《つななり》を城代に入れた。

綱成は手兵五百に伊豆・相模の兵三千を指揮して、城の守りを固める。

一方、この河越城の喪失は、それまで足並の揃わなかった関東管領内の和睦を生み、朝定はもう一方の関東管領・山内上杉憲政《のりまさ》と結び、今川義元を誘って、北条氏への迎撃、河越城奪還をこころみる。

義元は、甲斐の武田信玄とも同盟。天文十四年（一五四五）八月、連合軍は北条方となっていた駿河の長窪《ながくぼ》（長久保）城（現・静岡県駿東郡長泉町）を奪回し、古河公方の足利晴氏をも説得して、八万余にのぼる大兵力をもって、河越城を十重二十重《とえはたえ》に取り囲んだ。

糧道は断たれ、内と外の連絡は不可能となった。

当時、氏康は兵力を分散していて、とても八万余の大軍と正攻法では戦えない。彼は当分の間、援兵を河越城へは出さず、敵方の崩れを誘う作戦

信玄•謙信と互角に戦う

をとる。城中には、数ヵ月分の兵糧が蓄えられていた。が、三千余の城兵が捨て身になって、城から討って出るようなことになれば万事は休す。

城将綱成の弟で、氏康の小姓をつとめる福島《くしま》勝広（のち北条綱房《つなふさ》）は、ぜひにと城内への連絡役を自薦して出る。

「万一、生け捕られ、体を八つ裂きにされても口は割りませぬ」

勝広は忍びの手を借りながら、河越城に見事、入城した。

約半年、孤立無援の城を囲んでいた攻城方は、悠々と構えていたものの、日々することが何もない。暇をもてます彼らを目当てに市が立ち、酒や食べ物・衣服、はては遊女までが入り込んで来た。戦意の低下は、軍律の乱れに始まる。攻城方の将の中にも、気を引きしめるべく図った者はいたが、総大将というべき上杉憲政が白拍子を呼び寄せるありさま。

氏康は水面下で義元との和睦を交渉、埒《らち》をあけると、八千の兵力をひきいて、やおら河越城救援におもむいた。

途中、足利晴氏に、城兵は飢えているから生命《いのち》だけは助けてほしい、土地は差し上げます、といかにも困りきっているような様子を伝え、あげく、援軍の一部は、敵と遭遇するや四度も逃げ散るありさま。話にならぬ、と驕《おご》り高ぶっている攻城方へ、氏康は斥候を放ち、ついに夜襲を決行する。

合言葉を決めて、八千の兵は四つの隊へ分かれ、一気に連合軍の中へ斬り込んだ。混乱は八万余全軍へ波及。総崩れとなった連合軍は、大潰走となる。憲政は上野《こうずけ》まで遁走、扇谷朝定は乱戦の中、討死。連合軍一万六千の死者に対して、氏康側は百名にも満たない戦死者数であった。

このおりの夜討ちは〝日本三大奇襲戦〟の一つに数えられている。

氏康は一面で、史書『大鏡《おおかがみ》』なども読む文化的教養の高い人であったが、他方では沈着冷静、熟慮断行の人であった。天文十年、氏康が北条氏の家

信玄・謙信と互角に戦う

督を継いだ時、二十七歳の氏康に対して、今川義元は二十三歳、武田信玄は二十一歳、上杉謙信は十二歳、山内上杉憲政は十九歳であった。

最後に残った山内上杉氏は、内部抗争にあけくれ、享禄四年（一五三一）の時点で上杉憲政が関東管領となった。が、憲政も氏康には勝てず、最後の拠り所であった上野平井城（現・群馬県藤岡市）を捨て、ついには越後（現・新潟県）の長尾景虎＝上杉謙信のもとへ逃走した。そして弘治三年（一五五七）、憲政は謙信を養子として関東管領職を譲っている。

つまり謙信は、氏康にとって、この時点で不倶戴天の敵となったわけだ。信玄もしかり。実のところ信玄最大の難敵は謙信ではなく、北条氏康であった。

その証左に、信玄が上洛戦を決意したのは、元亀二年（一五七一）十月三日、氏康が五十七歳の生涯を閉じた翌年に入ってからである。

実兄信玄の身代わりとなって死す

武田信繁《たけだのぶしげ》

Profile

①大永5年（1525）～永禄4年（1561） ②37歳 ③信玄の同母弟。甲斐武田氏18代信虎の四男。信玄の片腕として活躍。第4次川中島の戦いで討死 ④甲斐国躑躅ヶ崎館（現・山梨県） ⑤典廐寺（現・長野県長野市）

去ってのち、その存在の大きさが知れる

「是《こ》れ聞《ぶん》なり。達《たつ》に非《あら》ず」（『論語』）

評判だけの人物を「聞士《ぶんし》」といい、根が正直でしかも臨機応変の行動がとれる聡明さを持ち、そのうえ謙虚な人物を「達士《たっし》」という。

組織を率いる人にとっては、理想の補佐役といえるかもしれない。

実兄信玄の身代わりとなって死す

さしずめ、甲斐（現・山梨県）の武田信玄《たけだしんげん》の実弟・武田左馬助信繁《さまのすけのぶしげ》が、この「達士」に該当しようか。信玄より四歳年下の彼は生涯、己れの分限を超えようとはしなかった。

〝戦《いくさ》の鬼〟と称せられた、武田家の侍大将・山縣昌景《やまがたまさかげ》をして、

「すべてに相調《あいとと》のいたる真《まこと》の副将軍」

と称賛させたほどの人物で、天文十七年（一五四八）七月には、信玄の危機を救い、その武将としての真骨頂を発揮している。

この年の二月、信玄は信州（現・長野県）の村上義清《むらかみよしきよ》と上田原に戦い、大敗を喫してしまう。そこへ、村上氏と並ぶ反武田勢力＝信濃守護・小笠《おがさ》原長時《わらながとき》が、周辺の豪族を語らい、甲斐国に侵攻する計画を企てた。

武田方では軍は再編途上、とうてい迎撃できる状況ではなかった。

このとき、それまで沈黙していた信繁が、騎馬隊五百騎による奇襲戦法

を進言した。それはまさしく、破天荒な作戦であったといってよい。

敵の哨戒網《しょうかいもう》を潜《くぐ》り抜け、騎馬武者だけで一目散に、〝棒道《ぼうみち》〟（甲斐武田家でいう軍用道路）を駆けぬけ、そのまま敵の本陣をつくというのである。

周囲の者たちは危ぶんだが、信繁はみごとこの作戦を大成功へと導いた。おかげで、敗戦のショックから甲州軍は立ち直ることができたのである。

もっとも、信繁が先頭をきって出陣したのは稀なことで、本来の彼の役割は、その官名「左馬助」（左馬寮の助役）が示すとおり、後方にあって軍馬の調達、馬具、武具＝兵站《へいたん》の購入などにあたることであった。

しかし、この役まわりほどめぐまれないものはなかったろう。合戦には華々しい手柄があるが、後方任務には結果としての、功績は何ひとつあらわれない。信繁は、いわばこの損な役まわりを、ざっと二十年間、正確に過不足なくやってのけ、ついぞ失敗をしなかった。

実兄信玄の身代わりとなって死す

彼が武将として、軍事的才覚を発揮するのは、決まって兄・信玄の危機に直面したときに限られていた。第四次川中島の戦いの時も、信繁は自らが信玄を名乗って、敵を一身に引き受け、壮烈な戦死を遂げている。

信玄の悲嘆はいうまでもなかったが、余人をもっては替えようのない信繁の価値は、皮肉にも当人が没してのちに明らかとなった。

最終調整者を失った組織は柔軟性を欠き、脆弱《ぜいじゃく》になるものだが、信繁の生存中には起こらなかった内部抗争が、武田家にはじまってしまう。

信玄は嫡男義信《よしのぶ》を自害させ、西進して天下統一にいま一歩と迫りながら、寿命が尽きて、ついに目的を果たせなかった。

もし信繁が、川中島で三十七歳という若さで没することがなければ、信玄と義信の対立も、彼によって調停され、信玄の上洛戦ももっと早くなり、あるいは日本の歴史が大きく様変わりしたかもしれない。

父より権力を奪う

斎藤義龍《さいとうよしたつ》

Profile

①大永7年（1527）～永禄4年（1561） ②35歳 ③美濃国を押領した斎藤道三の子。室町幕府相伴衆。父・道三を攻めて戦死させる ④美濃国稲葉山城（現・岐阜県） ⑤常在寺（現・岐阜県岐阜市）

父と争う子の功罪

斎藤道三に、美濃守護の座を追われた土岐頼純《よりずみ》（政頼《まさより》、盛頼《もりより》）は、越前の朝倉氏のもとへ亡命。その弟の頼芸《よりなり》は、隣国尾張の織田信秀（信長の父）に保護を求めた。二方向から圧迫される形となった道三は、頼純には一度は大桑《おおくわ》城を、頼芸には川手《かわて》城を与え、双方と和議を結ぶ。

父より権力を奪う

もっとも、これらは取り敢えずの処置であり、尾張の織田信秀と同盟が締結されるや、天文十六年（一五四七）十一月、頼純が病没（四十九歳）してのち、頼芸を再び国外へ追放とした。頼芸は越前―甲斐―上総（現・千葉県中部）を放浪し、天正十年（一五八二）には稲葉一鉄《いってつ》に迎えられ、美濃へ帰国するが、同年十二月四日死去している。享年には八十二歳ほか諸説あるが、それにしてもあわれな生涯であった、といえなくもない。

ただ、〝無能〟と一蹴される頼芸が、実は一矢、道三に報いていた。己れの側室を道三にさげあたえたおり、その腹の中にのちの義龍《よしたつ》がいたというのだ。これは今となっては、本当の話かどうかはわからない。

明らかなことは、義龍がこの挿話に乗って、自らの父を否定したことだ。十四歳にして元服、新九郎義龍と名乗った彼は、左京大夫美濃守の官名も父より譲られた。表面上は、道三が隠居したように受け取れる。

だが、道三は決して、己れの権力を息子の義龍には渡さなかった。

当然のごとく、義龍は父と距離をおくようになり、異母弟の龍重《たつしげ》が父・道三にかわいがられ、「左京亮《さきょうのすけ》」へ任官すると、父と対決する腹を固める。弘治元年（一五五五）、まず道三の鷹狩りの留守をねらい、異母弟の龍重、龍定《たつさだ》を仮病を使って呼び寄せ、これを斬殺。道三とはここで、義絶する。

間違いなく実子である二人の子を失った道三は、すぐさま挙兵した。

己れが精魂傾けた天下の堅城・稲葉山城下を放火し、長良川を渡って大桑《おおが》城（現・岐阜県山県《やまがた》市）に退却する。父と子の戦いは年を越し、道三は婿である織田信長に、この頃、「美濃一国の譲り状」を贈ったという。四月、義龍方一万七千余に対して、道三の兵力は二千七百。さしもの道三も多勢に無勢で押され、ついに長良川で討ちとられてしまう。享年六十三。

一説に義龍は、道三を生け捕りにしたうえで引退させ、その後は幽閉するつもりであったというが、筆者もそうであったに違いない、と考えてきた。

なぜならば、義龍は一度も名門「土岐」氏に改姓をしていない。

むしろ、父・道三に限りない愛情をもっていた雰囲気は大いに感じられる。

父として、あるいは本当の父ではないのに慈しんでくれた道三に対して、義龍は強い父性、欣慕《きんぼ》の情を、限りなく抱いていたのではあるまいか。

しかし、後継者としての立場は複雑であり、美濃国内には道三のこれまでのやり方に対する不平・不満も、蓄積されていたに違いない。

また、子としても、父を認めていればいるほど、素直にはなれない反発心があったのであろう。義龍は手違いで父の生命《いのち》を奪ってしまったが、その領国経営はことごとく父の手法を踏襲している。

領民たちも大いに義龍になついており、信長が道三の死後を〝好機〟とばかりに、美濃併合をめざして攻めかかったが、義龍の生きている間はついに成就しなかった。義龍は信長に生涯勝ちつづけ、父に劣らぬ名将ぶりを発揮したといえる。

義龍にとって残念なのは、病い（一説に業病《ごう》）にかかり、永禄四年（一五六一）に病没してしまったことに尽きた。その子・龍興《たつおき》の代になってようやく、信長はかつての道三派の人々＝西美濃三人衆を味方にひき込み、美濃を併合することに成功する。永禄十年八月のことであった。

ちょうど、道三がこの世を去ってから、十一年の歳月が経過していた。父と長男（あるいは嫡子）の相克《そうこく》は、それこそ歴史に暇《いとま》がないが、もしも道三が長子義龍に、実権を早々に、すべて譲っていたならば、道三の娘婿の信長のその後も、大いに異なっていた可能性は高い。

斎藤家の滅亡は、一《いっ》に己れへの過信、後継者育成計画の不徹底――そもそもは、道三の失敗にあったように思われてならない。

執拗な攻めで美濃を根負けさせた

織田信長《おだのぶなが》

Profile

①天文3年(1534)~天正10年(1582) ②49歳 ③尾張国の小領主、織田信秀の子 ④尾張国清洲城(現·愛知県)、近江国安土城(現·滋賀県)、美濃国岐阜城(現・岐阜県) ⑤総見院(現・京都府京都市)ほか

深謀遠慮の凡策

織田信長が東海一の弓取り＝今川義元《いまがわよしもと》を桶狭間に破り、ようやく一方の美濃攻略に専念できるようになったのは、二十七歳のときであった。

が、この課題は以後三十四歳まで、実に七年間を費やして、ようやく克服されることとなる。この七年間を早いと見るか、遅すぎると論じるかは、観点の違いといわねばならない。戦略・戦術の面からみてみたい。

信長は尾張一国を平定するや、美濃攻略を本格的に開始したが、あきれたことにこの規格外の男は、確かな戦法を取らず、世にあぶれた牢人や足軽を金にあかせて雇い入れては、引きも切らさず美濃攻めに投入した。

虚仮《こけ》の一念といってよい。とにかく、飽きもせずに出兵しては、斎藤義《さいとうよし》龍《たつ》(道三《どうさん》の後継者)に叩きかえされ、出陣しては美濃の強兵に打ち負かされる戦《いくさ》をつづけた。

なぜ信長は、このような無謀な力攻めをくり返したのだろうか。

「尾張には強兵がおらぬ、あるのは銭だからだ」

問えば信長は、そのように答えたかもしれない。彼は敵の綻《ほころ》びをひたすら待ち、その穴を広げる戦術をとっていたのである。当時、諸国の軍事の主力は、百姓による農兵にあった。彼らは大自然のもとで苦しい生活に耐

執拗な攻めで美濃を根負けさせた

える習性を持っており、総じて寡黙で我慢強かったといえる。

しかし、農兵は年中、合戦に参加できたわけではない。当然、百姓の本業は農業であって、田植えや稲刈りを放置するわけにはいかない。

そうした中で、ひとり信長だけは農事、農繁期に係わりなく、遮二無二《しゃにむに》、出兵をくり返してきた。実は、ここがミソであった。

美濃側にすれば、たまったものではあるまい。

追っても追ってもやってくる、蝗《いなご》の集団のようなものだ。一刻も早く稲を刈らねばならない収穫期に、性懲りもなく不意に現われる。田植えの季節にもやって来る。美濃方は慌てて動員令を出し、農兵たちは田畑の仕事を中途で投げ出して、尾張兵を迎撃せねばならなかった。

戦えば無論、美濃側が完勝した。さすがに、甲斐・越後と並ぶ強兵の国である。だが、軍装の費用を解いて農業にいそしみ始めると、またぞろ尾張兵、正確には信長に雇われた牢人・足軽たちがやってきた。

これでは際限がない。しかも、美濃方の将士は、勝利しても外征ではない国土防衛のために、主君義龍からの恩賞にはありつけなかった。

逆に、信長側は金にあかせて、牢人・足軽はいくらでも補充がきいた。

しかもこの傭兵たちに信長は、勝利を求めず、出撃回数のみを求めたのであるから、雇い主と雇われ側ともに有り難い労働条件であったろう。信長に財力がつづく限り、この戦法は何十年もくり返し得た。

たまらないのは、美濃国であった。次第に厭戦《えんせん》気分が蔓延《まんえん》しても、彼らを責めることはできまい。動員令を発しても、少しずつ美濃兵の集まり具合は悪くなっていく。それも当然のことながら、尾張と国境の遠い国人・土豪たちは、それこそ出陣してこなくなる。

戦えば勝ったが、その軍装の費用も馬鹿にはならない。

執拗な攻めで美濃を根負けさせた

斎藤家の家臣である部将たちは、百姓を代表する庄屋＝国人層が大半である。兵力の動員をめぐって、家中に亀裂が生じたとしても不思議はなかったろう。忠義の部将には負担が増し、動員令に応えられない者は不参加がつづき、やがて孤立化していく。

内部分裂が一方を敵側に走らせるのは、自然の成り行きであったろう。ついには自己の行く末を考え、信長に降る美濃の国人・地侍《じざむらい》が現われ始めた。あとは、ドミノ倒しであった。信長の深謀遠慮《しんぼうえんりょ》は、ついに成功する。

この間、宿敵義龍が病没し、その子・龍興が跡を継いだのも、美濃の傾国を早めた一因であったかもしれない。生まれながらの国王に、亀裂の入った国内をまとめるのは至難のことであったろう。

それにしても、七年間の歳月を力攻め一筋にしぼり込んだのは、やはり尋常な戦《いくさ》ではなかったはずだ。信長でなければ、できなかったに相違ない。

あえて汚れ役に徹して、家康を天下人にした

本多正信《ほんだまさのぶ》

Profile

①天文7年（1538）～元和2年（1616）②79歳 ③幼少からの家康重臣。相模玉縄藩主。正信系本多家宗家初代 ④相模国玉縄城（現・神奈川県）⑤龍谷山本願寺（現・京都府京都市）

逆臣が忠臣になる時

徳川家康の謀臣・本多正信《ほんだまさのぶ》には、主君の生命《いのち》を狙ったという、とんでもない過去があった。

兵農未分離の時代、三河で生まれた正信は、家が貧しく、農耕だけでは生活できずに、若い頃は鷹匠《たかじょう》をしていたという。その境遇が彼を、一向一

揆に走らせたのかもしれない。

永禄六年（一五六三）に三河で発生した、家康の家臣を二分する三河一向一揆において、正信は一揆方の参謀をつとめて半年間、ときに家康を窮地に追って、大いに抗戦している。一揆はやがて和議にいたったが、正信はこのタイミングで帰順を潔しとせず、諸国を流れ歩いた。

しかし、一向一揆の勢力も織田信長によって、徐々に鎮圧されていく。

「さて、どうしたものか」

思案にくれていた時、旧友の大久保忠世《ただよ》の口利きで、徳川家への帰参が叶った。〝帰り新参〟の正信には、合戦における武功は伝えられていない。

彼の存在が大きく知られるようになるのは、本能寺の変のおり、いち早く四方の情勢を把握し、分析して、堺にあって絶体絶命の危機にあった主君家康を、無事に三河へ脱出させたことであろう。

正信には、徳川家のほかの家臣にはない諸国遍歴の体験――その中で磨きあげた客観的な情勢分析力、判断力があった。

秀吉の死後、石田三成をはじめとする文治派官僚に、加藤清正、福島正《ふくしままさ》則《のり》といった秀吉子飼いの武断派大名が抗争を仕掛けた時も、

「いま、三成を殺してはいけませぬ」

と、家康へ進言。三成を助けて、あえて挙兵させる方向へ導き、反徳川陣営の大名を具体的にあぶり出してから、これら反対勢力を一気に粉砕して、家康の天下取りを早めようというのが、正信の策謀であった。

もし、三成が武断派によって殺されていれば、関ヶ原の戦いはなく、家康の豊臣家簒奪《さんだつ》はもっと時間を費やしたに違いない。あるいは、家康の寿命のある間に、天下は取れなかったであろう。大名のうち、誰が本当の味方か敵か、区分けするのが難しかったからにほかならない。

正信には碁や将棋の名人が、何十手も先を読めるのと同様、先の先までを見通せる眼力があったようだ。これも、諸国放浪の賜物であったろう。

関ヶ原の戦いに勝利した家康は、三年後の慶長八年（一六〇三）に征夷大将軍の宣下をうけ、江戸に幕府を開いた。残るは名目上の主人、豊臣秀頼の始末である。

家康・正信の主従は、短兵急《たんぺいきゅう》をいましめ、二年後、家康の子・秀忠を二代将軍に据え、徳川幕府が世襲であることを、まずは天下に明らかにした。家康は「大御所」となって駿府（現・静岡県静岡市）から天下の政《まつりごと》を司り、正信は派遣されて江戸へおもむき、秀忠のもとでその後見をつとめると同時に、彼は秀吉子飼いの片桐且元《かたぎりかつもと》を、徳川家公認の家老として大坂城へとどめ、巧みに且元を操《あやつ》って豊臣家の内部崩壊を画策する。

主従は豊臣家を無力化し、秀頼とその生母の淀殿を大坂城から他所へ移して、平和裡に天下の推移を明らかにしたかったようだが、大坂方はこれに応じず、ついには大坂の役となった。

冬の陣のあと一度、和議を結び、大坂城の外堀と三ノ丸、二ノ丸（内堀）とをいっきに埋めてしまう謀略も、正信によるものとされている。怒りに燃えた大坂方が、再び挑んだ夏の陣により豊臣家は滅亡してしまう。

正信は政治に関与しつづけたが、その一方で、いかに家康から加増をもちかけられても、相州玉縄城（現・神奈川県鎌倉市大船）二万二千石以上は、決して受けようとはしなかった。受ければ、同僚から嫉《そね》まれることを、彼は十二分に理解していたのだ。

家康の天下取りを助け、あえて汚れ役を演じきった正信は、元和二年（一六一六）四月十七日に主君が没すると、そのあとを追うように同じ年の六月七日、この世を去った。正信の享年は、七十九と伝えられている。

秀吉の妻・おねに従って豊臣家を見限った

浅野長政《あさのながまさ》

Profile

①天文16年（1547）～慶長16年（1611）②65歳 ③豊臣政権の五奉行。常陸国真壁・筑波両郡に5万石、加えて近江国神崎郡に5千石を領有 ④近江国大津城（現・滋賀県）、甲斐国甲府城（現・山梨県）、常陸国真壁城（現・茨城県）⑤伝正寺（現・茨城県桜川市）

立場と心情

〝忠臣蔵〟で名高い、播州赤穂（現・兵庫県赤穂市）五万三千五百石の浅野《あさの》内匠頭《たくみのかみ》長矩《ながのり》は、浅野長政《ながまさ》の子孫の一人である。

赤穂藩は内匠頭の、吉良上野介義央《よしひさ》（よしなか、とも）に対する刃傷でお家断絶となるが、本家の芸州広島藩は、四十二万六千石の大藩として、幕末の浅野長勲《ながこと》（十二代藩主）までつづく。

加賀百万石の前田家と並んで、豊臣期に勃興し、次代の徳川幕府の治世下をもしぶとく生きぬいた浅野家の始祖が、長政であった。

浅野長政は、親族のきわめて少なかった木下（のち羽柴、豊臣）藤吉郎秀吉の義弟にあたる。より詳しく述べれば、長政の妻やゝが、秀吉の妻おねの腹ちがいの妹にあたった。秀吉より十歳年下で、当初は長吉《ながよし》と名乗っていた。

実父は、安井五兵衛（あるいは弥兵衛尉《やへいのじょう》）重継。尾張の地侍であった。織田家の足軽弓組の組頭・浅野長勝（母の弟）の娘ややの婿となって、長吉＝長政は浅野家を継いだ。ややの姉おねは、すでに藤吉郎の妻になっており、若いころ長政は秀吉と同じ家で暮らしたこともあったようだ。

信長の直臣だったが、このようないきさつもあって、信長の許しを得て

秀吉の妻・おねに従って豊臣家を見限った

秀吉に属し、のちにその侍大将となって活躍する。

天正十年（一五八二）六月の本能寺の変は、秀吉にとって天下取りの、絶好のチャンスであったと同様、その麾下の長政にとっても、出世の飛躍台であった。

この時、織田家の中国方面軍司令官となっていた秀吉は、〝中国大返し〟をやり、山崎の合戦でみごと明智光秀を討っている。

翌年、織田家筆頭家老であり、信長から北陸方面軍の司令官に任じられていた柴田勝家を、滅亡させた賤ヶ岳の決戦後、長政はその戦功によって、近江で二万三百石の所領を得、坂本城と大津城をあずかり、京都の町奉行も兼ることとなる。

――秀吉の、長政に対する信頼の厚さがうかがえよう。

天正十五年、長政は若狭（現・福井県西部）一国を与えられて、小浜《おばま》城主となった。このとき、彼は四十一歳。その後も九州平定戦、小田原攻め、奥州討伐と、秀吉の天下取りの事業をその手足となって推進した。

しかし長政は、決して単なるイエスマンではなかった。

朝鮮へ出兵した「文禄の役」において、快進撃をつづける日本軍に気をよくした秀吉が、自ら三十万の軍勢をひきいて渡海する、といい出した時、

「それは正気のご沙汰とは思われませぬ。太閤殿下には、古狐に憑《つ》かれて狂われたかと存ずる。益のないこのたびの戦争は、早急に中止してしかるべし」

と直諫《ちょっかん》し、秀吉の激怒を買って、あやうく手打ちにされかけたこともあった。秀吉の死後、豊臣家の五奉行筆頭であった長政が、野望を秘める徳川家康と親密を深め、関ヶ原合戦では公然と家康側についたことで、その裏切りと処世術を許せない、とする向きがある。

秀吉の妻・おねに従って豊臣家を見限った

無理もない。秀頼《ひでより》の、存命するほとんど唯一の親戚といってもよかったのであるから。

しかし、この非難は少し酷《こく》のようだ。

起因は、秀吉晩年の無益な外征、淀殿への耽溺《たんでき》、後継と決めた関白秀次《ひでつぐ》とその一族の虐殺等々——トップとしての乱心——少なくとも人々がそう受け取った、秀吉の行状に原因はあった。第一、長政よりも早く、秀吉の正室おね（北政所）が淀殿と秀頼の母子に、大坂城を追い出されて、早々と豊臣家に見切りをつけている。

長政は義姉のおねに同情して、淀殿派が牛耳《ぎゅうじ》る豊臣家を義憤をもって見捨てた、ともいえなくはなかった。彼は慶長十六年（一六一一）四月七日、六十五歳で病死。豊臣家滅亡につながった大坂冬の陣は、それから三年後のことであった。

北条《ほうじょう》氏直《うじなお》

Profile

①永禄5年（1562）～天正19年（1591）②30歳 ③北条氏政嫡男。後北条氏５代当主。秀吉の小田原城攻めに敗れて高野山へ追放 ④相模国小田原城（現・神奈川県）⑤早雲寺（現・神奈川県箱根町）

小田原城攻防

信濃一国を徳川家康に奪い取られ、北条家（当主氏政）はたいしたことはない、と満天下に知らしめてしまった。

二年後、小牧・長久手の戦いで、ときの天下人となった豊臣秀吉と戦い、引き分けて名望を輝かせた家康は、ここが限界と秀吉に膝を屈し、豊臣政権のナンバーツーに収まった。

だが、北条氏政―氏直父子は、相変わらず時勢が読めず、再三にわたる上京を促す秀吉や家康の言葉を、あからさまに拒絶した。結果、小田原征伐を招くこととなる。果して、当主氏直に勝算はあったのだろうか。

「わが小田原城は、かの上杉輝虎《てるとら》（謙信）も陥せなんだ」

という、過去の追憶が根拠であったように、思われてならない。

「――わが北条には本城のほか、五十余の支城があるのだ。将士も領民も、五代恩顧の者たちばかりである。死力を尽くして、戦ってくれよう」

北条方は己れの圏内に、隈なく動員令を発した。

総兵力は三万四千余――領民によって編成された農兵には、十五歳から七十歳の者までが徴発に応じている。もとより籠城戦を予定する北条方では、たとえ三十万の攻囲軍が来襲しても、戦い抜く決意を固めていた。

「軍勢も兵数が増すほどに、補給も困難となる。上方勢もいずれは、退去せざるを得なくなりましょう」

重臣たちの言葉に、氏直は大きく頷いたという。

が、この話を秀吉が聞けば、彼は多分、腹を抱えて大笑したに相違ない。先の九州征伐で、秀吉が集結させた軍勢は、日本史上初の大規模遠征軍であった。三十七ヵ国で三十万人——この大軍は、馬だけで二万頭を数え、用意周到な秀吉は、馬一頭当たりに一年分の飼料を九州へおくれ、と命令。同時に、従軍の将士には、一人に対して百日分の兵糧《ひょうりょう》を事前に準備させていた。

秀吉には三十万の大軍を輸送し、在陣させるだけの実力があったのである。その凄まじさは、まるで津波が堡塁《ほうるい》に襲いかかるかのような勢いであった。北条氏の支城・伊豆山中城（現・静岡県三島市）、韮山城が瞬時に攻

下剋上を忘れて滅ぶ

囲され、箱根山を越えた秀吉軍は、小田原の本城を幾重にも包囲。秀吉本人は、本陣を笠懸山《かさがけやま》（のちの石垣山）に据えた。

――ここで彼は、意表を突く軍令を出す。

「従軍中の諸大名は、妻妾を国許から呼び寄せても苦しからず」

言うだけではなく、自身も愛妾の淀殿を呼び、商人や遊女までもを小田原に集めた。これが秀吉の考えた、持久戦の備えであった。

北条方は一年もの間、籠城に耐えられるだけの準備をし、やる気に燃えて戦いに臨んだのだが、よもや、このような仕打ち、肩透かしをされようとは、思ってもいなかったようだ。

戦《いくさ》そのものの勝敗よりも、こうした物見遊山《ものみゆさん》のような攻囲軍を見て、心理上の圧迫が小田原城に加えられ、劣等感、羞恥心、憤怒といったものが日増しに、籠城兵に増幅されていった。

武州忍《おし》城主・成田氏長《うじなが》が単独降伏したのをはじめとし、支城は次々に陥落。七月五日、氏直はついに小田原城を明け渡した。まだ、籠城三ヵ月しか経過していなかった。

父・氏政と叔父・氏照《うじてる》（氏康の次男）は切腹。かつて同盟を結んだおり、家康の娘を妻とした氏直は、舅《しゅうと》・家康の秀吉へのとりなしによって、一命だけは助けられたものの、高野山への追放となった。捨扶持《すてぶち》を一万石、秀吉からもらっている。現世のしがらみから逃れ、余生を趣味の世界にでも生きれば、それはそれで氏直の評価も変わったかもしれない。

だが、彼は翌天正十九年十一月四日、病没している。享年は三十。

五代百年——正確には九十五年の歳月、関東に覇を唱えた武権は、実にあっけない幕切れとなった。すべては、トップの器量といえようか。

第四章

戦術・戦略なくして勝利なし

国《くに》持《もち》大将の作法は、手の内をみせないことだ。
思いもかけないことをやってみせ、
部下から見くびられないようにするものぞ。
敵を攻めるときも、
敵が予想しないところから攻撃してこそ効果がある。
分別立てをする者は、かえって無分別の最たるものだ。
武士は手の外を致し、
下より積もられぬが誠の大将というものなり。

【織田信長】

井《い》伊《い》直《なお》虎《とら》

Profile

①生年不詳～天正10年（1582）②不明　③遠江国井伊谷の国人・井伊直盛の娘。当主を務め、井伊谷徳政令など内政に優れた手腕を発揮。「女地頭」と呼ばれた。近江彦根藩祖で徳川四天王・直政の養母　④遠江国井伊谷城（現・静岡県）⑤龍潭寺（現・静岡県浜松市）

女が男に化ける時

下剋上の洗礼を受けた戦国の人々は、日本史のどの時代の人間よりも逞《たくま》しかった。その強靭《きょうじん》さは、女性の側から見ると、より明白に知れるのだが、いまだに戦国女性を、あわれな存在と間違って思い込んでいる人が多いため、なかなか実像が理解されない。

女城主の実力

戦国の世では、女性は男性と対等であり、食事・洗濯・繕《つくろ》いをもっぱらとして、夫の留守を預かるという女性は、きわめて少なかった。むしろ、夫に代って鎧兜《よろいかぶと》に身を包み、馬上指揮をとる頼もしい妻もいたし、女だてらに城主として、将兵を采配する者も決して珍しくなかった。女性が相続権を失い、父や兄、夫に傅《かしず》くようになるのは、徳川家康が天下を取り、男子の嗣子単独相続制が定められてからのことである。

たとえば、〝徳川四天王〟の一《いっ》・井伊直政——その出自は遠江の井伊谷《いいのや》の国人であり、もとより井伊家も、男子が代々、当主であったが、直政の父は系譜直系の人ではなかった。

永禄三年（一五六〇）五月の、桶狭間の戦いに出陣した井伊家の当主は、直盛《なおもり》（直平《なおひら》の孫・直宗《なおむね》の嗣子）であり、彼は今川軍の先鋒をつとめたが、織田信長のまさかの奇襲によって、戦死となってしまった。

困ったことに、直盛には男の子がおらず、生前、彼と伯父である直満《なおみつ》（彦次郎）の間で交された約定《やくじょう》により、直満の子・直親《なおちか》が改めて井伊家の家督相続者となった。ところがそれ以前に、直満は直盛の家臣たちによる讒言《ざんげん》で、天文十三年（一五四四）に主君・今川義元に殺されていた。

さらには、天文五年生まれの後継者・直親は、当時の松平元康《もとやす》（のち徳川家康）との内通を疑われ、謀叛の風聞がたち、義元の敗死で後を継いだ、息子の氏真《うじざね》に弁明におもむく途中、その氏真の差し金で、永禄五年十二月十四日、掛川で今川家の重臣・朝比奈泰朝《あさひなやすとも》に討たれてしまう。直親の享年は、二十七。

直親には、永禄四年二月十九日生まれの男の子・虎松《とらまつ》（万千代・のちの直政）があったが、その身があやうい、ということで、虎松は井伊谷を脱出。そのあと彼は、天正三年（一五七五）に家康の小姓となるのだが、その間、

女城主の実力

井伊家には当主が不在となる。それでは、国人経営が滞ってしまう。井伊家では、先代の直盛の娘が家督を継いだ。

『井伊家伝記』に拠れば、

「次郎法師は女にこそあれ、井伊家惣領に生候間《うまれそうろうあいだ》、僧俗の名を兼《かね》て次郎法師とは是非《ぜひ》無《な》し」

とあり、名前こそ男のようではあるが、直系の女当主がここに誕生した。

興味深いのは、この次郎法師——よほど女性でありながら、乱世の国人経営にむいていたのであろう。署名と黒印《こくいん》（花押《かおう》の代りとなる墨の印判）を捺《お》すだけで、表に出なかったものが、やがて「次郎直虎」と男性の名前を堂々と名乗り、成年男子しか使えない花押をも自ら据《す》えるようになる。

無論、乱世は実力主義である。腕力で男性に劣る女性は、その意味で蔑視されたが、世は下剋上の真っ最中。非力な女性でも、男性に勝る智謀・

才覚があれば、十二分に人々の上に立つことは可能であった。直虎はみごと、直政不在の井伊家を守り抜き、天正十年八月二十六日、この世を去っている。

――同様の女性は、ほかにもいた。

大友宗麟の家臣である、吉岡掃部介《かもんのすけ》鎮興《しずおき》の妻・妙林尼《みょうりんに》は、夫の死後、北上してくる島津勢に対して、宗麟のもとに集められていたわが子・統増《むねます》の軍勢とは別に、わずかな人数で鶴崎《つるさき》城に籠り、いったんは城を明け渡したものの、歓待して相手が隙をみせるようになると、酒宴で将兵を酔わせたあと、一気に六十六人を討ち取っている。

まさに女城主であり、同様に大友宗麟の重臣・戸次《べっき》鑑連《あきつら》などは、己れの家督を七歳の娘に正々堂々と譲っていた。のちの、立花誾千代《ぎんちよ》(宗茂の妻)である。彼女たちは、何ら男に遜色のない城主たちであった。

「小」が「大」を飲み込むM&Aを駆使した

蓮《れん》如《にょ》

Profile

①応永22年（1415）～明応8年（1499）②85歳 ③本願寺7世存如の長子。本願寺中興の祖。青蓮院の末寺として衰退期にあった本願寺を再興。現在の本願寺派・大谷派の基礎を築く。5度の婚姻で27子を儲ける ④大谷本願寺（現・京都府）⑤東本願寺山科別院長福寺（現・京都府京都市）

小よく大を制す

大きいものは強く、小さいものは弱い——これは世の中の常識であったが、戦国時代を見渡してみると、ときに「小」が「大」を呑み込むことが、ままあった。

もっとも、そうなるためには、「小」のリーダーが図抜けて優秀であることが、必須の条件とはなったが。

たとえば、戦国最強を誇った一向宗（あるいは真宗、浄土真宗とも）＝本願寺教団は、八代法主《ほっす》として蓮如《れんにょ》に率いられるまで、ほとんど見るかげもない弱小の宗教集団であった、といってよい。

門徒数自体が少ないうえに、同じ親鸞《しんらん》を宗祖とするほかの真宗教団（たとえば仏光寺派、高田派など）の方が、圧倒的にスケールが大きく、その伸張に本願寺は常に悩まされ、生き残るためとはいえ比叡山延暦寺の末寺に組み込まれて、ようやく息をしている、その程度の脆弱《ぜいじゃく》な存在にすぎなかった。

次代のリーダー蓮如も、極貧の中で青少年時代をおくっている。

この本願寺が蓮如一代の間に、〝一向一揆〟の名を天下に知らしめる巨大教団となり、三代のちの顕如《けんにょ》のおりに、戦国の覇王・織田信長を向こうにまわし、二十年の抗争を戦う戦国最強の宗教集団となるのだが、さて、蓮如はどのような方法をもちいて、この弱小教団を短期日に巨大化したのであろうか。

今風にいえば、M&A（合併・買収）を巧みにくり返していった結果、といえるかもしれない。不遇の中でひたすら、親鸞の教学を一生懸命に独習した蓮如は、四十三歳でどうにか法主の座につくことができたものの、前途はなお多難であった。

本願寺が独自の活動をするためには、まず、首根っこを押えられている延暦寺からの、独立を果たさねばならない。

蓮如は、延暦寺と拮抗《きっこう》する武力をもつ、南都の興福寺に誼《よしみ》を通じ、大教団同士を牽制《けんせい》させ、その間に独立を宣言した。

が、延暦寺の荒法師たちは、このなめた行為に激怒し、本願寺へ焼き討ちをしかけてくる。

寛正六年（一四六五）正月、東山大谷《ひがしやまおおたに》の坊舎を襲われ、危機一髪で難を逃れた蓮如は、夜逃げ同然に近江の門徒の許へ身を潜めた。

このときは、延暦寺と犬猿の仲である三井寺《みいでら》（園城寺《おんじょうじ》）の保護を受け、親鸞の塑像《そぞう》をその境内に建てて安置している。

もとより蓮如は、ただ逃げていただけではなかった。畿内を中心に布教活動を北陸にひろめ、逃げつつも本願寺の独自性を強く打ち出していた。

本尊や名号などを下付し、門徒を増やす一方、彼は膝を突き合せて門徒に同朋主義を説き、さらに〝御文《おふみ》（御文章《ごぶんしょう》）〟と称する親鸞の教え、蓮如が平易に説いた文書を、おびただしい数、各地の門徒に発布していった。

なにしろ蓮如は、親鸞の教義を徹底して勉強していた。つまり、彼は教学のノウハウを極めていたわけだ。さらに蓮如は、〝御文〟をもって、「小」

が「大」を併合する積極策に転じる。ほかの宗派の僧侶と村落の指導者にターゲットをしぼり、彼らを落とすことで、村ごと本願寺へ転向、帰依させる手法をもちいたのであった。

また、抑えた村を「講」に組織し、男女の平等を説き、連帯感を高揚させ、ついには文明十三年（一四八一）、仏光寺派第十四世の経豪《きょうごう》を本願寺へ改宗転向させせることに成功する。

——「小」が、「大」を呑み込んだのだ。

もし、信長が本願寺の前に立ちはだからねば、あるいは日本はローマ法王領のように、真宗王国になっていたかもしれない。一向一揆はそれを可能にするだけの、凄まじい力をもっていた。

キリシタン王国建設を夢みて信頼を失なう

大友宗麟《おおともそうりん》

Profile

①享禄3年（1530）～天正15年（1587）②58歳 ③豊後国、肥後国、筑後国守護。府内城主の大友義鑑嫡男。大友氏21代当主。フランシスコ・ザビエルの布教を支援したキリシタン大名 ④豊後国大友氏館、臼杵城（ともに現・大分県）⑤本大友宗麟墓地公園（現・大分県津久見市）

戦国屈指の名将

九州の豊後《ぶんご》（現・大分県の大半）を中心に、二十二代四百年の伝統をもって君臨した名門に、大友氏がある。

その家門にあって、戦国の真っ只中《ただなか》に生を受けた二十一代の宗麟《そうりん》（義《よし》鎮《しげ》）は、最盛期には豊前《ぶぜん》（現・福岡県東部と大分県北部）、豊後、筑前《ちくぜん》（現・

キリシタン王国建設を夢みて信頼を失なう

福岡県北西部）、筑後《ちくご》（現・福岡県南西部）、肥前《ひぜん》（現・佐賀県と長崎県の大半）、肥後《ひご》（現・熊本県）の六ヵ国を統治した、〝鎮西一《ちんぜいいち》〟の覇王《はおう》であった。

もし、たった一つの失敗――キリスト教への帰依《きえ》さえなければ、彼は全九州制覇はもとより、西日本の領域ぐらいは、楽々とその支配下に置いていたかもしれない。

天文十九年（一五五〇）二月、卒去《そつきょ》直前の父・義鑑《よしあき》から、家督相続の承認をとりつけた宗麟は、室町幕府十三代将軍・足利義輝《よしてる》の允許《いんきょ》（許し）も受け、名を「義鎮《よししげ》」と改めた。二十一歳のときである。

以来、彼は内政の整備、外地支配を積極的に推し進め、外戦では肥後の菊池義武《よしたけ》（もと肥後守護職・宗麟の叔父）を、まず降《くだ》している。

天文二十三年八月十六日、ついに念願の「肥後国守護職」を幕府より拝命した宗麟は、九州に勢力を伸ばしてきた毛利元就《もとなり》と戦う過程で、皮肉なことに、北九州の支配を達成。豊前、筑前、筑後の守護職《しき》を新たに獲得し、都合六ヵ国を制することとなった。

――慶事は、どこまでもつづいた。

併せて、九州探題《たんだい》を手中にし、前後して長子義統《よしむね》も生まれている。

翌年には、大友家に前例のなかった「左衛門督《さえもんのかみ》」の官位が下された。桐紋の使用が、将軍家から許されたのも、このときのことである。

宗麟は名実ともに、〝鎮西《ちんぜい》一の覇王《はおう》〟となった。その中心である豊後の繁栄はめざましく、このころ、府内の人口は七万とも八万とも称されている。

剃髪《ていはつ》した彼は、「瑞峯《ずいほう》宗麟」と号し、丹生島《にゅうじま》城を新たに築く。

ときに永禄五年（一五六二）、宗麟はまだ三十三歳であった。

たった一敗ですべてを失う

キリシタン王国建設を夢みて信頼を失なう

攻め来る毛利軍を迎撃潰滅させ、本州へ傾《なだ》れ込む――そう考えていた宗麟であったが、元亀二年（一五七一）六月、その宿敵元就はあっけなく、七十五歳の生涯を閉じてしまった。

はからずも、宗麟にとっては全盛期が出現したことになる。

ここまでに、彼の大きな失敗は見出せない。みごと、としかいいようのない戦いぶり、外交政略、出処進退であった。

ところが、人間は逆境の中より、好調の時ほど、墓穴を掘るもののようだ。元就の死後七年目、宗麟は自らがキリスト教の洗礼を受け、教名をドン・フランシスコと称した。しかもこの間、彼は戦国武将として全九州を平定、あるいは中国・四国を制し、天下統一の野心を示すことをせず、さしたる遠征もおこなわずじまいであった。

それどころか、天正四年（一五七六）ごろには、義統に家督を与え、隠居のふりまでしている。大友家は、宗麟の新たに築城した臼杵丹生島《にゅうじま》城と、義統の拠る府内の二頭政治となっていた。

宗麟が洗礼を受ける少し前、一族で内輪揉《も》めしていた島津氏がようやく、薩摩（現・鹿児島県西部）・大隅（現・鹿児島県東部）の領国支配の態勢を固め、日向《ひゅうが》（現・宮崎県）の野尻《のじり》城、高原《たかはる》城の攻略を開始する。

かねて大友氏と同盟関係にあった日向の伊東義祐《よしすけ》は、一敗地にまみれると、大友の新当主・義統に救いを求めた。父・宗麟のキリスト教傾倒で、家督を継いだに等しい義統は、島津の国内平定＝北進を憂慮《ゆうりょ》していたおりでもあり、即座に六万の軍勢を日向に進発させた。

天正六年のことであり、西国一の大友軍はさすがに強かった。

勢威凄《すさ》まじく、日向の十七城は瞬時にして降伏。島津氏に内通していた

キリシタン王国建設を夢みて信頼を失なう

延岡《のべおか》の土持弾正少弼親成《つちもちだんじょうしょうひつちかしげ》などが、成敗されたのはこのときのことである。

ところが、隠居したはずの宗麟が、戦勝の報に接するや、妻子や宣教師を伴って、海路、日向にやって来る。

しかも、軍船には十字架の旗を掲げ、家臣たちに数珠《じゅず》と影像《えいぞう》を奉じさせた彼は、理想郷＝キリシタン王国の建設を計画し、神社仏閣を破壊させ、島津軍の日向侵攻最後の拠点、高城《たかじょう》を包囲し、強襲することを命じるにいたった。

連戦連勝で攻め込んだ大友軍は、宗麟の宗教政策のため、にわかに士気を低下させ、そこへ島津本隊の義久軍を迎えることとなる。

大挙して押し寄せて来た島津軍に、常勝大友軍は瞬時に、まさかの打撃をこうむってしまう。

つづいておこなわれた耳川《みみかわ》の合戦では、大友軍は二万の戦死者を出し、治世このかた宗麟の将帥《しょうすい》に恵まれ、昇天の勢いであった同軍は、最初にして最後の決定的大敗北を喫してしまった。

多くの名将、勇猛の将士が戦死し、これまで大友氏に服していた諸々の城主たちも、キリスト教への反抗心もあって、多くが戦線を離脱し、叛旗を翻《ひるがえ》した。たった一度の敗戦が、一瞬にして、六ヵ国中のうち五ヵ国を失い、最後の拠《よ》り所の豊後においてすら、離反者を出す有り様となった。

不幸中の幸い――大友氏の領土を狙って東進する肥前佐賀の龍造寺隆信《たかのぶ》と、北進をつづける島津の軍勢が、肥後、筑後をめぐって、にわかに抗争をはじめていた。宗麟は躊躇《ちゅうちょ》することなく、すでに全国平定に王手をかけていた豊臣秀吉に、直訴《じきそ》する外交戦術に打って出る。

天正十四年四月六日、宗麟は大坂城に入り、秀吉に謁した。

秀吉は宗麟の願いを聞き入れ、豊後本国の安堵《あんど》と島津氏懲罰《ちょうばつ》を約する。

一方の龍造寺隆信は、天正十二年に沖田畷《おきたなわて》の戦いで戦死――。

翌天正十五年、秀吉の出馬を待つ豊後は、島津勢の猛攻に晒《さら》されていたが、臼杵城に立籠った宗麟は、南蛮《なんばん》渡来の大砲〝国崩《くにくずし》〟を駆使《くし》して、わずかに臼杵だけを守り抜く。

秀吉の九州征伐により、島津氏がその軍門に降《くだ》ったのは、五月六日のことである。秀吉は宗麟との約定により、豊後一国を大友義統に安堵した。宗麟はそれを見届けるかのように、十七日ののち、静かに息を引きとった。享年五十八。

この父の死後、数年して義統（この当時は改名し吉統）は、朝鮮出兵中、敵前離脱をしたとの理由で改易《かいえき》となっている。

大国大友家滅亡の、すべての起因は、宗麟のキリシタン改宗に原因があったように思えてならないのだが。いかがなものであろうか。

真田幸隆《さなだゆきたか》

Profile

①永正10年（1513）～天正2年（1574） ②62歳 ③信濃の在地領主。武田信玄臣下の智将 ④信濃国真田本城・同国戸石城（ともに現・長野県）、上野国岩櫃城（現・埼玉県） ⑤長谷寺（現・長野県上田市）

すべては行動するより前に終わっていた

完璧な攻撃プランや万全の守備体制ができると、人は安心感を抱き、ともすれば警戒心を失いがちとなる。

とくに普段、あたりまえになっていることは、とかく改めて疑問視されたり、立ち止って考えられることは少ない。

第四章／真田幸隆

信玄に勝るとも劣らない軍略・兵法の達人

「一に其《その》賭けざる所を戒慎《かいしん》（いましめつつしむ）す。二に其聞かざる所を恐懼《きょうく》（おそれかしこまる）す」（『甲陽軍鑑末書』）

人の意表を衝《つ》く奇略・奇策は、もともと人目につきにくい場所に隠されているのではなく、むしろ誰の目にもつくところ、それでいて目立たないところにこそ仕掛けられている、と謀才豊かな名将・武田信玄は語ったという。

その信玄に勝るとも劣らない、軍略兵法の達人に、その謀臣・真田弾《さなだだん》正忠幸隆《じょうのじょうゆきたか》がいた。真田信之《のぶゆき》・信繁《のぶしげ》（俗称は幸村《ゆきむら》）兄弟の祖父であり、徳川家康の軍勢を二度までも破った昌幸の父に当たる人物――。

この幸隆は一時期、信玄の父・武田信虎《のぶとら》と、信濃国において守護小笠原氏と勢威を並べる村上義清《むらかみよしきよ》、代々が諏訪大社の大祝《おおはふり》職を勤めてきた諏訪頼重《すわよりしげ》らによって、故郷を追われたことがあった。

そのおり幸隆は、上野国箕輪城（現・群馬県高崎市）に長野業正《ながのなりまさ》（業政とも・業盛《なりもり》の父）を訪ね、その庇護《ひご》を受けたが、食客《しょっかく》として箕輪に潜伏していたとき、おもしろい逸話を残していた。

ある日のこと、業正が使者を立て、伊勢国の北畠具教《きたばたけとものり》の老臣・長野右京亮親綱《うきょうのすけちかつな》のもとへ進物を贈らねばならない出来事が生じた。双方の道のりは、百余里を隔てている。しかも、四方はみな敵国であった。

とくに途中の信濃国では、敵対勢力が鵜《う》の目鷹《だか》の目で、長野家の動静を見張っていた。

どうすれば伊勢へ無事に使いを果たせるか、長野家の人々が頭を悩まし、苦吟していると、幸隆がこの困難な役目を自ら買って出た。

人々は「あの浪々の若造が」と思い、業正も心配して、どうやって目的地へ行くのかと尋ねたが、幸隆は、「殿にも、それがしが至りがたしと、

おぼしめすか」とひらき直り、「いや、さにあらず」と業正がなだめると、

「言葉に出せば漏れやすいので――」

とついに、その方法を口外することなく任務を引き受けた。

幸隆は進物を受け取り、屋敷へ戻ったものの、旅の用意を一向にせず、それればかりか出立の気配すらないまま、弓を射、馬をせめ、あるいは川狩り（川で魚をとること）などをして、これまで同様の暮らしをつづけ、瞬く間に二十日あまりを過ごしてしまった。

周囲はあきれるとともに、もはや幸隆の出発はあるまい、とみた。

すると、どうであろう。突然、幸隆の姿が領内から消えたのである。

実は、幸隆は進物を受け取った直後、信頼できる家臣を伊勢神宮の御師《おんし》（社寺に属して祈禱《きとう》や札の配布をおこない、宿所の世話もする職）に擬装させて、進物を隠し持たせ、ひそかに東海道を西上させていた。

しかも武勇に優れた四、五人の家臣を別に編成し、六十六部廻国《ろくじゅうろくぶかいこく》（法華経を六十六回写し、その札を納めて廻る）の修行者に化けさせ、よそながら御師の護衛にあてる配慮も尽くしていた。

そのうえで、彼我《ひが》の注意を自身の方へ向けておき、人々がもはや出発はあるまい、とみてとった空気を察するや、すぐさま夜陰に紛れて碓氷《うすい》峠を越えたのであった。

やがて幸隆は木曾路に出て、最短距離を桑名に急ぐと、ここで御師、修行者たちと落ちあい、そのまま使いの先方に到着。所用を果たすとほどなく、無事に箕輪に戻った。

大事を成す直前、敵の注視の中で、この幸隆の意表を突くやり方は、現代のビジネス社会でも十二分に使えそうだ。

戦国最強の名将が示した極意

武《たけ》田《だ》信《しん》玄《げん》

Profile

①大永元年(1521)～元亀4年(1573) ②53歳 ③甲斐国守護武田家19代当主。「風林火山」の軍旗と騎馬軍団で甲斐国、信濃国、駿河国ほかを支配 ④甲斐国躑躅ヶ崎館(現・山梨県)、三河国野田城(現・愛知県) ⑤恵林寺(現・山梨県甲州市)

「風林火山」で「後途の勝」を目論む

世に、武田信玄の「風林火山」の旗と呼ばれるものは、中国古典の兵法書『孫子』が出典であった。そのため、この軍旗は「孫子の旗」（孫子四《し》如《じょ》の旗）とも呼ばれてきた。

「戦争のなかで、機先を制するための争いほど、むずかしいものはない」

と古《いにしえ》の孫子はいい、研鑽の結果、合戦の神髄は敵の裏をかくことだ、と見定めるに至った。「風林火山」の字句は、その具体的な戦術論の部分として登場する。

もっとも、『孫子』には風・林・火・山の句に並んで、「知り難きことは陰の如く」「動くことは雷の震《ふる》うが如し」との二節があり、正しくは計六つの短文であったが、とくに「風林火山」の四つを選んだのは、信玄個人の判断からと考えられる。

したがってこの旗には、彼独自の作戦指揮における理念が表現されていた、といってよい。信玄はこの軍旗を、天文二十四年（一五五五）七月の対上杉謙信との戦い＝第二次川中島の合戦から使用したのではないか、といわれている。

というのは、信玄が武田家の菩提寺である恵林寺《えりんじ》へ招聘した師僧・快川《かいせん》紹喜《じょうき》国師が、この旗の文字を揮毫《きごう》したとされているからだ。快川はこの年に甲斐へ入国しており、その直後におこなわれた合戦が、第二次川中島の合戦であった、というわけである。

のちに信玄は、この軍旗を、かならず勝たねばならない戦《いくさ》にのみ、陣頭へかかげた。

つまり、信玄得意の「後途《ごど》の勝《かち》」＝外交政略も含め、事前工作によって敵を骨抜きにし、必ず勝つことが確定していて、あとはダメ押しの一戦をすれば事足《ことた》りるような、必勝の戦いの場合のみ、「風林火山」の旗を戦場に押し立てて進んだわけである。

人間は暗示に弱い。何度か同じパターンで武田方の勝利がつづくと、敵は戦う前から闘志を失い、条件反射のように「風林火山」の旗を見ただけで、「負けるのではないか」と浮き足だち、戦意を喪失。戦わずして、逃げるように早々と退却するようになった。気力の弱い敵をたたくのは、いとたやすかったに相違ない。信玄自慢の騎馬隊をくり出し、一気に、そして華麗に敵を蹴散らすことも可能であったかと推測される。

こうした事実が、やがて〝無敵の甲州騎馬隊〟〝戦国最強の甲州軍団〟といった神話をつくりだしていったわけだ。

換言すれば、「風林火山」の旗は味方の士気を鼓舞し、敵の士気を喪失させる切り札であったともいえる。信玄の頭脳戦、その卓抜ぶりをみせつけられる思いがする。

この軍旗の字句については、つぎのようなエピソードがあった。

軍旗ができあがったおり、信玄は部将たちを招いて披露したが、侍大将の一人、馬場《ばば》美濃守信春《のぶはる》はどうにも腑《ふ》に落ちない顔をしている。

どうしたのか、と問う信玄に信春は、

「〝静かなること林の如し〟以下の字句に異存はありませんが、風というのはいかがなものでしょうか。風の勢いははじめ烈しく、しだいに弱まっていくもの。朝《あした》はよいでしょうが、夕暮れには気が凪《な》ぎ沈むということもあります」

と疑問を述べた。勢いが尻すぼみになるのではないか、という懸念であった。これに対して信玄は、

「〝疾《はや》きこと風の如し〟は、甲州軍の先陣に当てはめたもの。先鋒はなによりも、疾きことを第一とせねばならぬ」

と、答えたという。

ここにも、「後途の勝」に必須の、情報戦のスピードが密かに語られていた。信玄、恐るべし。

部下を抑えきれず、盟友を信じすぎた悲劇

柴《しば》田《た》勝《かつ》家《いえ》

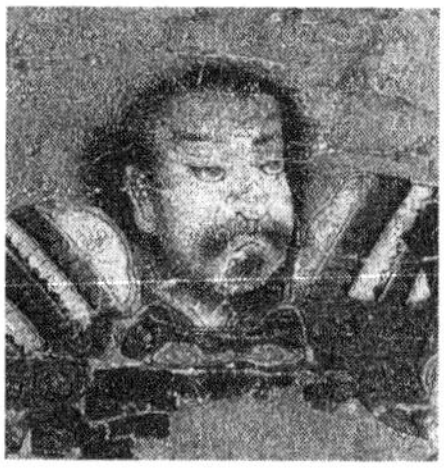

Profile

①大永2年(1522)？～天正11年(1583) ②62歳？ ③尾張国出身。織田家筆頭家老。織田家北陸方面軍司令官 ④近江国長光寺城(現・滋賀県)、越前国北ノ庄城(現・福井県) ⑤西光寺(現・福井県福井市)

平時は肩書き、戦時は実力

明智光秀を羽柴（のち豊臣）秀吉が討った山崎の合戦の後、清洲において開かれた織田家の評定《ひょうじょう》の結果、秀吉と柴田勝家の対立は決定的となった。秀吉を織田家の簒奪者《さんだつしゃ》とみてとった筆頭家老の勝家は、自らが烏帽子親《えぼしおや》（元服《げんぷく》のおり、そのしるしの烏帽子をかぶせた人＝後見人）をつとめた信

部下を抑えきれず、盟友を信じすぎた悲劇

長の三男信孝《のぶたか》と謀《はか》り、三法師《さんぼうし》（信長の直孫・信忠の子）を居城の岐阜城に囲って、秀吉との接触を断った。

これにより、両者の戦いは、もはや時間の問題となったが、北陸を地盤としていた勝家には、〝雪〟という難敵が控えていた。

雪どけまでは、動くに動けない。

それまでの時間を、あの手この手で稼ごうとした勝家だったが、秀吉も馬鹿ではない。勝家の心中、思惑《おもわく》を察知すると、北国の降雪期を待って、

「三法師君《ぎみ》をお迎えする」

と、安土へ二万の大軍を入れた。

また、一度は勝家の養子・柴田勝豊《かつとよ》に与えた自領長浜をも奪い返すと、反転、岐阜の信孝を攻め、三法師を奪還した。

年が明けて天正十一年（一五八三）正月、勝家の同盟者・滝川一益が秀

吉方の城を奪うという挙に出た。秀吉はすぐさま軍勢を発し、六万の軍勢をもって三方から攻めて一益を包囲し、その戦闘能力を無力化して、勝家の羽翼《うよく》を断ってしまう。

雪に閉ざされ、切歯扼腕《せっしやくわん》していた勝家は、二月二十八日、総動員令を発して沿道を除雪しながら、雪原を近江に向かって進軍を開始する。

柴田軍の先鋒は、勝家自慢の猛将・佐久間盛政《さくまもりまさ》であった。

伊勢を発《た》った秀吉は、岐阜城の信孝に五千の兵を割《さ》いて城外を包囲、退陣せしめ、自身は湖北の賤《しず》ヶ岳《たけ》に急遽《きゅうきょ》、陣地を構築した。その指揮を終えるや、彼は大垣《おおがき》に入城した。こちらは、二方面作戦である。

他方の盛政は、秀吉方の部将・山路将監《やまじしょうげん》（正国《まさくに》）を寝返らせ、秀吉の縦陣地を中ほどから攻め崩す戦法をとった。

勝家は反対したが、盛政はついに押しきり、やむなく勝家は、敵に包囲されぬよう、攻略ののちは必ず、襲撃場所から早々に撤退するように、との条件をつけた。

加えて勝家は、秀吉のほかの砦《とりで》に対しては、自らが一万二千の軍を率いている。

攻撃軍は約八千名。盛政が打って出たのは四月二十日、時刻は今日の午前一時。この大規模な奇襲は成功し、午前十時、盛政の占領は完了した。

彼はここを前進基地に、翌日には賤ヶ岳の秀吉方要塞《ようさい》を攻略する計画を立てる。

そのことを知った勝家は、そのあまりの無謀さに驚き、急ぎ撤退を命じたが、盛政は主命に従わない。六度目の勝家からの使者を、盛政は煩《わずら》わしげに追い返すと、返書をも杜絶《とぜつ》してしまう。

秀吉はこの変報を、正午に摑《つか》んだ。そして直ちに一万五千の軍勢を、大垣城から進発させる。午後二時、秀吉は下知《げち》を終えた。諸隊が旋回して賤ヶ岳を目ざしたのは二時間後、秀吉自身もすでに近江へ駆けていた。

午後九時、秀吉は木ノ本に来着。勝家は木ノ本北方七キロの狐塚《きつねづか》まで出撃していた。秀吉は、賤ヶ岳北方の権現坂《ごんげん》に退却をはかった盛政を追い、鉢ヶ峯を経て賤ヶ岳東麓を登り、頂上の砦に入った。二十一日午前六時、権現坂まで退《さが》った盛政軍が、秀吉勢と対峙。決戦の陣形をとった。両軍は戦闘を開始し、山上にあった秀吉軍が、少しずつ盛政軍を圧迫する。

しかし戦況はなおも混沌とし、一進一退がつづいた。

このとき、不意に勝家方の部将・前田利家の軍勢が、撤退をはじめる。

この一挙によって、勝家方の全将士が動揺。不破《ふわ》光治《みつはる》、金森長近《かなもりながちか》らが旗を乱して戦線を離脱し、勝家方は後方から崩れ、ついには善戦中の盛政軍までもが潰走《かいそう》することとなる。勝家も北国への、後退を余儀《よぎ》なくされた。このあと勝家を待っていたのは、北ノ庄での滅亡であった。

天才戦術家の憂鬱《ゆううつ》

上杉謙信《うえすぎけんしん》

Profile

①享禄3年(1530)～天正6年(1578) ②49歳 ③越後国守護代長尾為景の子。諱は景虎、政虎、輝虎。関東管領 ④越後国春日山城・同国栃尾城(ともに現・新潟県) ⑤上杉家廟所(現・山形県米沢市)

明晰ゆえに凡将には理解されず

戦国時代、最も戦《いくさ》上手の武将といえば、やはり上杉謙信《けんしん》であったろう。だが一面、この〝天才〟には、凡庸な者にはうかがい知れない苦悩もあった。永禄四年(一五六一)、彼が断行した小田原城進攻作戦をみると、その辺りのことがよく判《わか》る。この時代、関東の雄・北条《ほうじょう》氏に対して、単独で戦える周辺の戦国大名はいなかった。が、越後の上杉謙信が攻めて来る、となれば、その戦列に参加しようとする者は少なくなかった。

国許《くにもと》を出陣した越後軍一万余は、瞬く間に沼田城を取り、厩橋《まやばし》城を抜き、相模《さがみ》国（現・神奈川県の大半）に向かって破竹の勢いで進撃をつづけた。

こうなると、北条方についていた太田資正《おおたすけまさ》（三楽斎道譽《さんらくさいどうよ》）、成田長泰《なりたながやす》ら名のある関東武士も、招かずして謙信の許に馳せ参じてくる。

北条氏康は長年、謙信と戦っており、その実力の程を熟知していた。

越後軍の先鋒が国境《くにざかい》を越えると、従来の防衛ラインをさっさと破棄し、本拠地の小田原城にあっさりと立籠《たてこも》る。籠城準備期間、わずかに二ヵ月。

ところが、意気あがる越後軍のもとに、北条氏との三国同盟の約定《やくじょう》により、甲斐の武田信玄が北条氏を救援すべく、信濃《しなの》国佐久から碓氷《うすい》峠を越えようとしている、との飛報が届いた。奥信濃に進めば、越後本国が危ない。

天才戦術家の憂鬱

碓氷峠を越えられると、進軍中の越後勢の背後を衝《つ》かれる恐れがあった。

ことここにいたって、越後軍に動揺が起きる。

だが、明晰怜悧《めいせきれいり》な謙信の頭脳は、信玄の手の内を、瞬時に読み切っていた。

「できることなら信玄は、北条軍とわが軍を共倒れにさせたい、と望んでいよう。やつは決して動きはせぬ。あの男は、そういう性根だ――」

謙信は軍議の席で、自らの〝読み〟を語った。

しかし、集結した諸将には、謙信の主張が単なる推論に思えてならない。万一を思えば、とても進撃などできる相談ではなかった。関東は彼らにとって未知の国であり、人心の向背《こうはい》も定かではない。

いつもであれば謙信の言に、越後の諸将は逆らわなかった。が、連合軍となるとそうもいかない。結局、小田原進攻は中止となり、越後軍は主力を厩橋城にとどめることになる。

後日、この日の上杉方の軍議の内容を聞き知った信玄は、

「――さすがは謙信だ。もし、あのおり一挙に小田原を攻めておれば、防御不充分の城は陥落。さしもの北条氏康も、滅亡していたであろう」

と心底、溜め息をついたという。

北条氏を討滅すれば、謙信は関東一円の兵力を駆使し、義元亡きあとの今川氏を攻め滅ぼし、本国越後に相模・駿河《するが》の二国を加え、南北三方面から甲信両国を挾撃、壊滅したに違いなかった。

そうなれば謙信は、織田信長をも屠《ほふ》ったであろうから、今日、伝えられる歴史とは異なった、近世日本を出現させたかと思われる。

謙信の不幸は、自身が他よりも透徹すぎたところにあった。人々は謙信の閃《ひらめ》きを、理解するだけの頭脳を持っていない。こうなると、人事もつまるところ、天才と凡夫の調整、妥協ということになるのではあるまいか。

〝勢い〟のメカニズムを熟知していた覇王の凄味

織《お》田《だ》信《のぶ》長《なが》

Profile

①天文3年(1534)～天正10年(1582) ②49歳 ③尾張国の小領主、織田信秀の子 ④尾張国清洲城(現・愛知県)、近江国安土城(現・滋賀県)、美濃国岐阜城(現・岐阜県) ⑤総見院(現・京都府京都市)ほか

「天下布武」の原動力とは

『孫子』の「執篇《しっぺん》」に、

「円石《えんせき》を千仭《せんじん》の山より転《てん》ずるが如《ごと》き者は埶《いきお》(勢)いなり」

というのがある。

丸い岩石を高い山から転がすように、力を用いずして大きな勢いを発揮する――孫子は軍をよく戦わせるためには、この〝勢い〟を創る態勢づくりが、何よりも大将たる者の、最も重大なつとめだ、と力説していた。

物事をよく考えない人は、歴史上の人物を見渡していて、成功した人を、

「あの人は運がよかっただけさ」

と何気なく片付けてしまう。こういう場合、成功した人物は懸命に、〝勢い〟に乗ろうとしていたのだ、と気付くべきであろう。

「故《ゆえ》に善《よ》く戦う者は、これを勢いに求めて人に責《もと》めず、故に能《よ》く人を択《えら》びて、而《しこう》して勢いに任ず」

織田信長や豊臣秀吉、徳川家康の〝三英傑〟が、『孫子』を諳《そら》んじていたか否かは定かではないが、彼らは明らかに孫子の示した〝勢い〟のメカニズムを、乱世の中で自得し、身につけていたことは間違いない。

そうでなければ、どうして天下が担えよう。

〝勢い〟のメカニズムを熟知していた覇王の凄味

真に優秀なリーダーは、部下の個人的能力に過度の期待をかけたりはしないものだ。

まず、己れが全てを計算し、次に全軍の〝勢い〟を盛り上げることを考える。あとはその〝勢い〟がすべてを決してくれるはずだ。煎《せん》じ詰めれば、〝勢いさえ味方にすれば、福は転がり込む〟ということになる。

では、〝勢い〟はいかにすれば自身に、取り込めるのだろうか。それには、時代の方向を見誤らないことが前提となる。時流の本質を正しく見つめながら、〝流れ〟に乗る。いわゆる〝時勢〟に便乗する。つまり、〝勢い〟を味方にするのが、第一の条件といえそうだ。

信長を例にあげれば、彼は合戦の様式が農兵中心の国人（豪族）連合軍から、専属武士団（家臣団）へと移行する〝時勢〟を素早く見抜き、これに対処した。

室町幕府を疑問視する〝時勢〟にも、うまく乗り継いだ。そのうえで、実力が備わってきて、実高百万石を超えると、「天下布武」のスローガンを創造し、使用している。

この「天下布武」に接した人々は、

「上様は天下を統一なさる」

織田家に仕える重臣から小者にいたるまで、すべての者が大なり小なり、その信仰をもった。それ以前の美濃併合までは、遮二無二、息せききって戦いつづけてきた家臣たちも、ここにいたってようやく、自分たちの戦いの意義を持ち得たわけだ。

「天下布武」の向こうには、天下統一＝泰平の世が待っていた。

長くつづいた乱世を終わらせ、誰もが安心してくらせる世の中――それを自分たちは創り出そうとしている。織田家の将兵はおそらく、自らの主君と自身に感謝したことであろう。

この「天下布武」のスローガンは、織田家に新しい家風（現在の企業でいう社風）を導入することにもなった。これから自分たちの参加する合戦は、戦国乱世を鎮め、天下平定をめざす次なる段階＝〝正義〟の戦《いくさ》なのだ、と誰もが信じた。

加えて、当然のことながら、織田家中の誰しもが、

「上様が天下布武のあかつきには、自分も――」

出世しているはずだ、との勇躍の気持ちをもち、さらなる奉公をしなければならない、と思い当たったに違いない。

こうした状況下で、主君信長への忠勤に励まない家臣がいれば、お目にかかりたいものである。

かならず第三の方策を考えた

細川藤孝《ほそかわふじたか》

Profile

①天文3年（1534）～慶長15年（1610）②77歳 ③室町幕臣・三淵晴員の次男。室町13代将軍・足利義輝に仕えた後、15代将軍・義昭、織田信長、豊臣秀吉に仕える ④丹後国宮津城・同国田辺城（ともに現・京都府）⑤南禅寺塔頭天授庵（現・京都府京都市）ほか

五人の主君に使えた叡智

戦国乱世の中、室町幕府の名門に生まれながら、五つの政権――室町十三代将軍・足利義輝《あしかがよしてる》、同十五代義昭《よしあき》、織田信長、豊臣秀吉、徳川家康――を巧みに生き抜いた稀有《けう》な武将がいた。細川藤孝《ほそかわふじたか》（号して幽斎《ゆうさい》）である。

しかもこの人物は、絶体絶命の危機を敵に媚《こ》びもせず、人々に後ろ指を

かならず第三の方策を考えた

さされることもなく、常に正々堂々とくぐり抜けた。

たとえば、本能寺の変である。藤孝の嗣子忠興《ただおき》の妻は、世にいう細川ガラシャ。つまり、明智光秀の娘であった。主君の信長を本能寺に討った光秀は、当然のことながら、親密な婚姻関係にある細川藤孝―忠興父子の、賛同と支援、新政権への参加を期待した。

しかし藤孝には、主殺しによって得た光秀の天下が、それほど長くつづくとは思えない。なろうことなら、面と向かってその非を鳴らしてやりたかったが、それはできなかった。なにしろ畿内には、光秀の軍勢、彼を支持する旧室町幕府の勢力が充満しており、迂闊《うかつ》に逆《さか》らいでもしようものなら、細川家の方が滅ぼされたであろう。

通常、こうした場合は、選択の途は二つしかない。とりあえず光秀に迎合するか、いま一つは、敗死を覚悟して一戦に及ぶか。多くの武将は二者択一で、何《いず》れかを選んだことであろう。

ところがこのとき藤孝は、第三の方策をもって、みごとにこの危機を乗り切ったのであった。藤孝は光秀に対して書簡を送ると、

「上様（信長）の弔《とむら》いに、専念したい――」

そう己れの意志を告げて、息子ともども髻《もとどり》（髪の毛をたばね部分）を切り、現世からの隠退＝仏門への帰依《きえ》を表明したのである。

行動そのものは明白に、光秀に対して批判的であった。

ではあるが、世俗を捨てて仏門に入ろうとする藤孝を、さしもの光秀とて討つわけにはいかない。結局、光秀は藤孝父子に見捨てられた、と世間の嘲笑《ちょうしょう》を買い、ほどなく〝中国大返し〟を敢行して、主君の仇討ちを標榜した羽柴（のち豊臣）秀吉に、山崎の合戦で敗れ去る。

藤孝は秀吉のもとへ密使を派遣する一方で、予定戦域の情報を収集・分

析し、いちはやく秀吉の陣営にわが子の忠興を参加させるなどして、のちの肥後《ひご》熊本五十四万石（忠興の次代・忠利《ただとし》のとき）の礎《いしずえ》を、秀吉政権の中で築くことに成功した。

戦国の心ある武将たちは、

「――さすがは、名門の細川どの」

とその出処進退に、喝采《かっさい》を惜しまなかったという。

藤孝のこうした第三の方策については、関ヶ原の戦いのおりにも遺憾《いかん》なく発揮されている。忠興を、次代の天下人とみた徳川家康に託したこの老将（信長と同じ年の生まれ）は、居城・田辺城に老兵や婦女子らとともに籠《こも》ったが、この総数はわずかに一千。

そこへ西軍（石田三成方）の、一万五千が押し寄せて来る。

開城か玉砕か――二者択一を迫られる中、朝廷から開城するように、との使者が訪れる。武家の争いに、公家が口を出すなどということは、前代未聞のこと。なぜ、このようなことになったのか。

隠居後、伝統文化の保護を懸命におこなった藤孝＝幽斎は、己れのもつ〝古今伝授《こきんでんじゅ》〟（古今集の解釈の秘伝）が、かならず自分の生命《いのち》を救ってくれる、との確信を抱いていた。

また、「有職故実《ゆうそくこじつ》」の世界にのみ生きている朝廷は、かならず豊臣家を説得して、伝授の絶えることを防ぐだろう、とも読んでいた。

皇弟・八条宮智仁《ともひと》親王からの使者を得た幽斎は、休戦。しかる後に、正々堂々の開城をやってのけ、慶長五年（一六〇〇）九月十五日の関ヶ原の戦いを、高処《たかみ》の見物としゃれ込む。

こうした余裕の、智将もいたのである。

〝戦の玄人〟

島《しま》津《づ》義《よし》弘《ひろ》

Profile

①天文4年（1535）～元和5年（1619）②85歳 ③薩摩国、大隅国、日向国の守護・島津貴久の次男。島津氏17代当主。生涯52度出陣の猛将。関ヶ原の戦いでの敵陣突破で名を馳せる ④薩摩国伊作亀丸城（現・鹿児島県）、大隅国富隈城・同国国分城（現・鹿児島県）⑤福昌寺跡（現・鹿児島県鹿児島市）

無謀な敵中突破に秘した真意

――天正十四年（一五八六）の年末、北九州のほんの一部を残して、島津氏は全九州統一の目標を、ほぼ達成したといってもよかった。

ときの島津家全軍の指揮官こそが、島津義弘である。

ところが、この時点で豊臣秀吉が、ふいに九州にやって来た。

島津氏征伐のために、豊前（現・福岡県東部および大分県北部）に上陸した豊臣軍は、二十万を二手にわけ、九州を南下した。

天正十五年四月十七日、義久・義弘、二人の弟である家久らの島津軍二万は、豊臣軍の先鋒・豊臣秀長《ひでなが》（秀吉の異父弟）に根白坂（現・宮崎県児湯《こゆ》郡木城《きじょう》町）で戦いを挑んだが、兵力が隔絶している秀長軍には勝てなかった。

天下統一を急ぐ秀吉は、降参した当主の義久に島津氏本貫地の薩摩（現・鹿児島県西部）を、次弟の義弘に大隅、久保《ひさやす》（義弘の次男）に日向国真幸《まさき》院《いん》（現・宮崎県南西部）を与えている。島津氏は、豊臣大名となったわけだ。

朝鮮出兵を挾み、慶長五年（一六〇〇）四月、上方に登った義弘は、中央の情報収集不足により、関ヶ原の戦いを前に、東軍と西軍の間で翻弄されることとなる。

当初、実力者の徳川家康率いる東軍に味方すべく、伏見城（現・京都市

〝戦の玄人〟

伏見区）に入城を決めていた義弘だったが、留守居役の徳川家の部将・鳥居元忠《もとただ》に拒絶されてしまう。拒まれた以上、島津勢は西軍につくしかなかったが、その西軍の義弘への扱いも、歴々の軍功を積んだ老将に対しては、腹立たしいほどに軽々しいものであった。

関ヶ原の前哨戦ともいうべき、岐阜城攻防戦と並行して進められた渡合《どあい》の渡しでの戦いでは、島津の分派三百人が敵中に捨て石にされている。この時は全滅する前に、大垣城に収容することができたが、義弘にとっては西軍の、事実上の総大将たる石田三成の許せぬ仕打ちと映ったであろう。

しかも、その原因が明らかなだけに、義弘の心中はやるせなかったのである。上方における島津の兵力は、わずかに千五百止まり。どのように要請しても、中央の情勢に疎《うと》い国許では、増兵を認めなかった。

もともと再度上方へ登ったおり、つき従っていたのは二百人ほどでしかなかった。残りは、島津家の「上方に登るのはまかりならぬ」との制止を振り切り、義弘を救うべく三三五五、国を抜け出した〝ぼっけもん〟たちであった。もし、今、五千の兵力が義弘の手中にあれば、関ヶ原の結末は逆転し、その後の歴史は大きく変わったに相違なかったろう。

しかし、〝天下分け目の戦い〟で千五百しかもたない義弘は、兵力をギリギリまで温存し、勝利のための、最後の一押しにこれらを用いる以外、戦術的な用兵は考えられなかった。ところが、会戦の当日、勝ちかけていた西軍は、小早川秀秋の裏切りにより、一万五千六百七十五名の大軍が西軍へ襲いかかったことで、戦局を一変。西軍は負け戦《いくさ》と決した。

さて、どうするか。怒りにまかせての決断は、得てして不運な結果を呼ぶものだ。だが、すでに敗戦と決した中で、わずか一千五百の島津勢ができることが、それほど多く残されているわけではなかった。義弘は腹立たしい思いを押え、瞬時にして決断した。

この一戦が終ったあと、戦うことになる徳川家との合戦を念頭に――わずか千五百をもって前進し、家康の本陣前を横切り、伊勢街道に出て、堺へ向かい、薩摩へ戻る方針を。さすがの島津将兵も、一瞬、顔色を青ざめる。前方には敵があふれていた。そこを突っ切って逃走するというのは、明らかな自殺行為。後方の近江（現・滋賀県）へ退却してはいかがですか、との具申もなされたが、義弘はこれを撥《は》ねつける。

「道は前方のみ」

なぜ、この無謀な決断に、彼はこだわったのか。関ヶ原で勝利した家康は、かならず島津征伐の軍勢をおこすだろう。その時、出兵を躊躇《ちゅうちょ》させ、できれば外交の力で方《かた》をつけたい、と家康が思い定めるためには、ここで島津の強さを今一度、徹底して知らしめておく必要があった。

一千五百が鬼羅刹《らせつ》として戦死すれば、国許に五万の侍を擁する島津家に、たとえ家康とて無闇《むやみ》には討ちかかって来まい。まさに、〝死中に活〟を義弘は拾おうとしたのだ。

関ヶ原を横断した時点で、千五百の軍勢は二百余に激減していた。

しかし、執拗にくいさがる「島津の胡座陣《こざじん》」（決死の殿軍《しんがり》）に阻まれた徳川方では、家康の第四子・松平忠吉《ただよし》、徳川四天王の一《いつ》・井伊直政が負傷（ふたりはこれが原因でその後、病没）。ついに家康は、追撃中止を命じた。

戦後、西軍についた毛利氏の所領が大きく削られたのに比べ、島津家は自領を手付かずに保持することに成功した。悲運の名将・島津義弘は元和五年（一六一九）七月二十一日、この世を去った。享年八十五。

彼の敵中突破の決断は、その後も薩摩藩の中に語り継がれ、明治維新の起爆剤の一つにまでなった、と評価されている。

凡庸ゆえに亡国の元凶となる

北条氏政《ほうじょううじまさ》―氏直《うじなお》

Profile（氏政）

①天文7年（1538）～天正18年（1590）　②53歳　③北条氏康の子。後北条氏の4代当主。相模国、伊豆国、武蔵国、下野国、上野国、下総国、合計240万石を配下に置く。上洛拒否に立腹した秀吉により攻められ弟・氏照とともに切腹　④相模国小田原城（現・神奈川県）　⑤早雲寺（現・神奈川県箱根町）

二代ともに優柔不断

名将・北条氏康とその嫡子・氏政父子には、あまりにも有名なエピソードが伝えられていた。

氏康が氏政と、父子で食事をともにしたおりのこと。氏政は飯に、汁をかけて掻込《かきこ》んだ。それ自体は別段、下品でもなんでもない。戦国時代の、一般的な食事の形態であった。

ところが、二口三口食べた氏政は、改めてもう一度、汁をかけ足してしまった。これを見た氏康はつぶやく、

「北条の家も、私の代で終わるか……」

と。なぜか。食事は毎日しているにもかかわらず、一飯にかける汁の見積もりすらできぬようでは、自分のあとを継いでも、先の見通しが立てられるわけがない。北条氏の命運は尽きるだろう、との論法であった。

なるほど、本能寺の変で織田信長が横死《おうし》した時も、北条氏は出遅れている。一言でいえば、当主氏政の優柔不断に尽きた。それでも彼は、先代以来の老臣たちに補佐され、どうにか一代、家を保つことができた。

だが、この凡庸な主《あるじ》（家康より三歳ばかり年長）は、隠居しながら若い当主氏直を、自ら後見する、といい出した。

凡庸ゆえに亡国の元凶となる

「阿呆が阿呆ゥの後見をするのか」

三河あたりでは、あきれたような陰口が叩かれたが、大過なくここまで来れたこの大国は、氏政の代ですでに老い、戦国を生き抜く活力に欠けていた。今風にいえば、大企業病に冒されていた、というべきか。

だが、この時勢に鈍感な老大国も、自国の影響下にある信州に、家康が触手を伸ばしてきたのに対しては、めずらしく機敏な反応を示した。

「いまにして家康を屈伏させておかねば、将来のお家のためにはなるまじ」

諸将は軍議を催し、五万の大軍を上州経由で信州へ向けた。

家康の現有兵力は、一万にも満たないものであったから、正面から戦えば北条勢の勝利は動かしがたい。にもかかわらずこの時、北条氏の思惑はズレていた。

「交戦以前に、家康は和議を請うてくるであろう」

と、憶測していたのである。

五万に対する一万では、そもそも勝負にはなるまい、だから実戦には及ぶまい、とみていたわけだ。ところが案に反して、小心で、ときに臆病ですらあるはずの家康は、北条の大軍を相手に、正面から開戦を挑んで来た。その心中、さぞや必死の思いであったろう。

ところが北条氏は、家康の意外な前進を自信によるものと錯覚した。大国は往々にして思慮深く、用心第一をとる。それに加えて氏直は、戦《いくさ》そのものを億劫《おっくう》がった。なるほど、勝利してもさほどの名誉にはならない。万にひとつでも敗れれば、父祖五代にわたる栄光に傷がつく。

なろうことなら、矛を交えたくなかったのが、彼の本音であったろう。

そのため氏直は、叔父であり伊豆韮山城主の北条氏規《うじのり》に、家康との講和の準備を命ずる。この氏規は、かつて今川義元全盛期の今川家において、人質生活を家康とともにおくったことのある、北条家の連枝であった。

これがもし、氏直の祖父・氏康であれば、講和をすすめるにしても、一戦のうえで相手の強弱や意思を推しはかり、余裕をもって和議に臨んだであろうが、今の北条家には、そうした段取りを踏もうという重臣もいなかった。それでいて、態度だけは尊大であり、講和を申し入れておきながら、足を運ぶことすらしようとしない。

家康は、北条方の戦意の低さを知るや、再び戦書を北条氏直に叩きつけた。北条家の迂闊《うかつ》さは、ひとたび講和と決まり、すでに肩の力を抜き、全身で帰国準備をしていたところにも明らかであった。家康の厳しい口調に接し、北条方は閉口して、あろうことか慌てて詫びを入れ、戦うよりは、と両国の軍事同盟の成立を願い出た。

北条の亡国はすでに、この時、はじまっていたのである。

「分限に応じた人材」育成に腐心

徳川家康《とくがわいえやす》

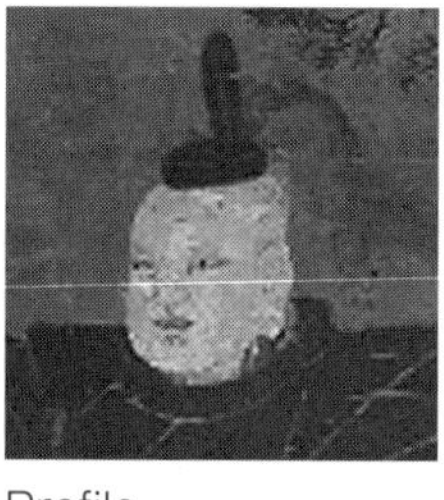

Profile

①天文11年（1542）～元和2年（1616）　②75歳　③三河国岡崎城主・松平広忠の長男。江戸幕府の初代征夷大将軍　④三河国岡崎城（現・愛知県）、遠江国浜松城（現・静岡県）、武蔵国江戸城（現・東京都）、駿河国駿府城（現・静岡県）　⑤久能山東照宮（現・静岡県静岡市）、日光東照宮（現・栃木県日光市）ほか

叛臣を防ぐ方法

戦国乱世、人々は主家の繁栄に貢献し、併せて己れの栄達をも目指した。

が、そうした意識の中には、隙《すき》あらば己れが、主家に取ってかわろう、と密かに爪を研《と》ぐ、重臣・補佐役も、決して少なくはなかったのである。

徳川家＝当主の家康における、その最たる人物が、「三備《さんぞなえ》」の一方の総大将・酒井忠次《さかいただつぐ》であった、といってよい。

この「三備」とは、家康直属軍のほか、三河国を東西に二分し、片方を忠次が、他方を石川家成《いしかわいえなり》（のちの後継者に数正《かずまさ》）が統率するもので、いわば、家康と二人の家臣が三河の勢力＝軍団を三分していたに等しかった。

忠次がそうした己れの実力を背景に、家康の長子信康《のぶやす》が、武田家との内通を織田信長に疑われたおりも、信長に呼び出されて諮問を受けると、申し開きすることもなく、

「仰《おお》せのごとくに候」

と嫌疑を肯定。そのために、信康は切腹となった。

もしもこのとき、家康がわが子可愛さに、信長に抗《あらが》って矛《ほこ》を向けていれば、間違いなく忠次は徳川家を割って、叛乱軍の火の手をあげ、おっつけ駆けつけてくる信長の大軍と連携し、内と外から家康を討ったであろう。

家康はそれを承知したからこそ、長男を切腹させる苦渋の決断をした。その後、徳川家の領土が膨張していく過程で、忠次は必然的にその勢力を後退させていく。と同時に、己れの頭の中をトップ奪取から、有能なナンバー2へと切り替えていった。

ところが、「三備」のもう一方を担った家成の後継・石川数正は、信長の死後、羽柴（のち豊臣）秀吉に誘われ、家康のもとを出奔してしまう。

おそらく数正にすれば、かつては土豪同盟の小差の実力から、一応〝棟梁〟と仰いだ家康が、いつしか己れの手の届かない〝主君〟となったことに、大いなる戸惑いと、それまでの己れの心の内＝隙さえあれば——を見透《みす》かされ、恐ろしくなって逃亡したのではあるまいか。

もちろん、数正を失った痛手は大きかった。家康は、早々に軍制を改革する。具体的には、先の酒井忠次やその縁者を、以前からの遺恨《いこん》を根にもつことなく重用し、また、徳川四天王の一《いっ》・井伊直政《いいなおまさ》に代表されるような、三河譜代《ふだい》以外からの人材登用も断行した。家康は家臣の能力に応じて、適宜《てきぎ》にフロントとラインを使い分け、能力を十分に引き出すよう努めている。

つまり、専門職的な役割を与えてやる気を起こさせ、なまじ分限を超えた野心を家臣たちが抱かぬように工夫したわけだ。

徳川幕藩体制はまさに、分限＝石高をわきまえぬ野望を、諸国の大名がもたないように、各々の分に応じて領国経営に専念するようにと、家康が智謀のかぎりを尽くして考え、練りあげたシステムであったといえる。

このシステム＝幕藩体制は、諸大名から覇気《はき》を奪い去ったが、分限（個人の実力）による支配の細分化は、一面で、二百六十五年の泰平の世を出現させ、それなりの心豊かな時代をわれわれ日本人に残した、といえなくはない。

"水軍"で信長に仕えた異才

九鬼嘉隆《くきよしたか》

Profile

①天文11年(1542)〜慶長5年(1600) ②59歳 ③志摩国地頭九鬼定隆の次男。九鬼水軍を率いた海将。織田信長や豊臣秀吉のお抱え水軍として活躍。関ヶ原の戦いで西軍につき自害 ④志摩国田城城・同国鳥羽城(ともに現・三重県) ⑤常安寺(現・三重県鳥羽市)

信長式海軍必勝法

もし、織田信長の陣容に、海将・九鬼嘉隆《くきよしたか》がいなければ、天下統一の大詰めを迎えた戦国時代後期とはいえ、なおも信長の「天下布武」は遅れた可能性が高い。

海将嘉隆は元来、伊勢国司である北畠《きたばたけ》氏の麾下、宮内定隆《さだたか》の次男として

〝水軍〟で信長に仕えた異才

生まれていた。が、熊野水軍・九鬼一族を妬んだ北畠具教《とものり》や志摩海賊七人衆によって、実家は滅ぼされ、嘉隆は九鬼家再興の望みを抱いて、信長の部将・滝川一益《たきがわかずます》を頼り、織田家に随身する。

その頃の信長はというと、反織田包囲網ともいうべき、諸勢力の一斉蹶《けっ》起《き》による、四面楚歌の状態の中で四苦八苦していた。

嘉隆はそんな信長を助け、伊勢大河内城の攻略に水軍を率いてのぞみ、みごとその期待に応えている。なにしろ水軍には、陸戦にはない機動力、迅速さがあった。嘉隆を認めた信長は、彼に支配下の伊勢・志摩（現・三重県志摩半島）の諸海賊を正規軍として再編成し、独自の織田水軍を創設することを命じた。

天正二年（一五七四）七月、摂津大坂本願寺の与党、長島の一向門徒に対して、嘉隆は織田水軍を海上に浮かべ、艦砲射撃をおこなって、一揆の鎮圧に成功する。もっとも、この一向一揆を討滅したことは、同時に織田家と大坂本願寺との、正面衝突を意味することとなった。

——雌雄を、決さねばならない。

対本願寺戦において、信長は寺の四方に城塞を設け、完璧な包囲陣形を布く作戦をとった。こうなると、糧道を断たれた本願寺が危うくなる。そこで彼らは、西日本の雄・毛利氏に救いの手を求めた。

なぜ、毛利氏なのか。本願寺が滅亡することになれば、その次は毛利氏が信長の矢面に立たされることになる。毛利氏は、存亡を問われることになろう。そこで毛利氏は、ここは本願寺と結び、信長を叩いて滅亡させるのが賢明と、本願寺救出に乗り出したのである。

毛利氏が対信長戦を決断できたのは、瀬戸内海の荒波で鍛えあげた、日本最強の水軍を保有していたからであった。

〝水軍〟で信長に仕えた異才

毛利輝元《てるもと》は、武田勝頼《かつより》や上杉謙信《うえすぎけんしん》に信長の背後を牽制してくれるように要請する一方、九州の松浦鎮信《まつらしげのぶ》、龍造寺隆信《りゅうぞうじたかのぶ》らにも呼びかけて、大水軍を編成。ついに、大坂に出撃を敢行した。

その数、およそ六百余艘――。

これに対して織田の水軍は、数に劣るうえに、水軍の技法的にも、名にし負う瀬戸内水軍の敵ではなかった。一戦して完膚なきまでに敗れ、本願寺籠城軍は毛利水軍のおかげで、食糧、弾薬を手にすることができ、再び活気づくありさま。

これに懲《こ》りた信長は、ここで彼らしい独創性を発揮する。

技術に対する技術ではなく、技術そのものを封殺してしまう作戦――すなわち、嘉隆に命じて大砲三門に五千人が乗れる堅牢な、鉄張りの大軍船六隻を急ぎ造らせ、滝川一益が所有する鉄船一隻をも加えて、大坂に全艦を回航し、毛利水軍と再度の海上決戦を挑ませた。

ときに、天正六年十一月六日。当時としては破天荒なこの大艦隊の出現により、形勢は一気に逆転した。織田水軍は、毛利水軍に圧勝する。巧緻な技術が、圧倒的な力で一蹴されてしまった瞬間でもあった。

本願寺は籠城の自信を喪失、信長に和睦を乞うにいたる。

のちに豊臣秀吉に属した嘉隆は、志摩鳥羽城を安堵され、文禄三年（一五九四）には三万五千石を領有する大名となった。

慶長二年（一五九七）に嘉隆は隠居したが、同五年の関ヶ原の戦いでは、亡き秀吉への〝義〟から、西軍に与《くみ》した。そのため、西軍の主力が関ヶ原に惨敗した報に接し、十月十二日に自殺してしまう（享年五十九）。

東軍についていた息子の守隆《もりたか》が、父の助命請願を許される、ほんの少し前のことであった。

第五章

生き残りに奇策なし

家康から味方につけば三万石、次には信州一国を与えるから、翻意してくれと説得された信繁は、一旦《いったん》の約定《やくじょう》の重きことと較《くら》べれば、信濃一国は申すに及ばず、日本国を半分賜わっても、瓢《ひるがえ》し難《がた》し。ましてやこの戦《いくさ》、勝利を得るべきものではない。わたしは初めより討死《うちじ》にと覚悟しておる。

【真田信繁（幸村）】

二代で〝下剋上〟した

斎藤道三《さいとうどうさん》

書き換えられた道三像

一介の油売りから成り上がり、ついには美濃一国（現・岐阜県南部）の主《あるじ》となった〝蝮《まむし》の道三〟こと斎藤道三は、典型的な戦国〝下剋上〟の実例として語られてきた。

曰《いわ》く、先祖は御所の院を警護した北面の武士であるといい、父の名は松《まつ》

Profile

①明応3年（1494）？～弘治2年（1556）②63歳？ ③山城国出身の長井利隆の子。父子二代で、謀略により主君を次々に殺害・追放し、美濃国一国の支配者になった。息子義龍に攻められ戦死 ④美濃国稲葉山城、鷺山城、大桑城（すべて現・岐阜県） ⑤常在寺（現・岐阜県岐阜市）

二代で〝下剋上〟した

波基宗《なみもとむね》。山城国乙訓郡《おとくに》西岡《にしのおか》（現・京都府向日市《むこう》）に生まれ、十一歳のときに京都妙覚寺に入って、法蓮坊と称したが還俗《げんぞく》して庄五郎。

郷里に戻って油商の娘と結婚し、油の行商で僧時代の弟弟子のいる美濃まで足をのばし、住職をしていた弟弟子の推薦で、美濃守護・土岐《とき》氏の重臣である長井長弘《ながひろ》に仕えて、武士となる。

長弘の家臣・西村氏を継いで西村勘九郎正利と名乗り、守護・土岐政房《まさふさ》の長男・頼純《よりずみ》（政頼、盛頼）と弟の頼芸《よりなり》に会った勘九郎は、その弁舌と遊芸で頼芸に取り入り、家督を相続した頼純を追放して、頼芸を守護職に就かせる。

そして、主人長弘を殺害して主家を乗っ取り、長井新九郎規秀《のりひで》と改名（秀龍《ひでたつ》とも）。この時、稲葉山城に拠った。

さらに守護代の斎藤利隆《としたか》が死ぬと、家督を継いで斎藤新九郎利政《としまさ》となる。

斎藤氏を称した新九郎は、守護の土岐頼芸を大軍をもって攻撃。頼芸は尾張（現・愛知県西部）の織田信秀を頼って、亡命することにした。

その後、追放した頼純と頼芸が織田・朝倉氏の協力を得て、美濃に攻め寄せるがこれをも撃退し、斎藤新九郎は美濃一国をついには支配する。

のちに織田信秀と和睦して、娘の濃姫《のうひめ》を信秀の嗣子・信長に嫁がせると、剃髪して道三《どうさん》と称した。

――ところが、これらの道三物語はことごとく、後世の付会《ふかい》であった。

道三の正体

明応四年（一四九五）三月、美濃に船田合戦が勃発した。

戦ったのは、美濃守護代の斎藤利国《としくに》とその〝又代《まただい》〟（小守護代）石丸利光《としみつ》（一説に公家の流れ）であった。

利国は、尾張の守護代・織田敏広《としひろ》（伊勢守系＝岩倉織田氏）を救った斎藤妙椿《みょうちん》（美濃守護代・敏広の娘婿・一四一〇〜一四八〇）の舎弟・利藤《としふじ》の子。妙椿の養子となった、人物である。美濃国内の勢力争い、実の兄弟との抗争にも勝ち、利国は守護の土岐氏を押え、事実上の国守然とふるまうようになった。

この利国の覇権を、補佐しつづけてきたのが石丸利光であった。

にもかかわらず、守護・土岐成頼《しげより》の長男・政房を廃して、末子の元頼《もとより》を奉じ、主家を簒奪《さんだつ》しようと利国が画策。これに利光が待ったをかけたことから、両者は武装抗争へ。

同年五月二十九日の戦いで、利光は敗れ、自害して果てた。

勝利した利国は、その年（明応四年）の冬、利光に同調した南近江（現・

滋賀県南部）の六角高頼《たかより》に報復すべく、味方についた北近江の京極氏ともども、江南（近江南部）へ出陣した。

ところが、まさかの敗戦により、利国とその子の新四郎利親《としちか》は揃って討死をとげ、美濃は再び内乱不穏の状況に逆戻りしてしまう。

守護代斎藤家には、利親の遺児・勝千代（のちの利良《としなが》）だけが残った。

この子を後見した人物こそが、かつて京都妙覚寺の僧籍にあり、応仁の乱の最中、美濃へ流れて来て、利国のもとで頭角をあらわした「長井豊後守藤原利隆」という人物であった、というのだ（『美濃明細記』『江濃記』『言継卿記』）。

最初の姓を松波、ついで西村、のちに長井と改めている。

利隆は、利国の同族間争い＝「濃州錯乱」の中で抜群の働きをしたようだ。

その一方では、妙椿が建立した持是院《じぜいん》――養子の利国も二代の持是院妙《みょう》

二代で〝下剋上〟した

純《じゅん》と名乗らされたが、この後釜＝三代にも、いけしゃあしゃあと座り、持是院妙全《みょうぜん》と称したのが、すなわち利隆であった。

利隆は実に巧みに、美濃の守護代斎藤家の中にまぎれこみ、自らも斎藤氏とさも血縁関係が密接なように振舞い、周囲に印象づけた。

たとえば、それ以前の名乗りを藤原基宗としていたものを、藤原利隆と改めている。これなど明らかに、守護代簒奪の準備としかみえない。

ときの美濃守護・土岐政房は、およそ乱世の意識をもたない、おめでたい人であったようだ。利隆に絶大な信頼をよせ、その異数の出世をむしろ後押ししてしまった。

――利隆は、〝又代〟（小守護代）となる。

大永七年（一五二七）、利隆は政房の長子・土岐頼純《よりずみ》を追い、弟の頼芸に家督を継がしめる。頼純は越前の朝倉氏、尾張の織田氏に援助を要請したが、美濃の失地回復は成らなかった。
この美濃簒奪《さんだつ》の成功に、ふわりと便乗し得たのが、利隆の息子・長井新九郎利政——すなわち、のちの斎藤道三であった。

道三も、父譲りの謀才に恵まれていた。彼は、かつて守護代の斎藤利国が企てたと同じ方法論をもちいたのである。

天文七年（一五三八）、まずは守護代斎藤氏を自らが継ぎ、その翌年には稲葉山城に拠っている。

守護・土岐頼芸が道三に美濃を追われ、尾張の信秀を頼ったのはそれから四年後の天文十一年のことであった。ここで〝蝮の道三〟は誕生した。

歴史の実相は、物語のように突然の飛躍はしない。かならず、裏付けとなるプロセスを持つものである。

土岐・斎藤両氏略系図

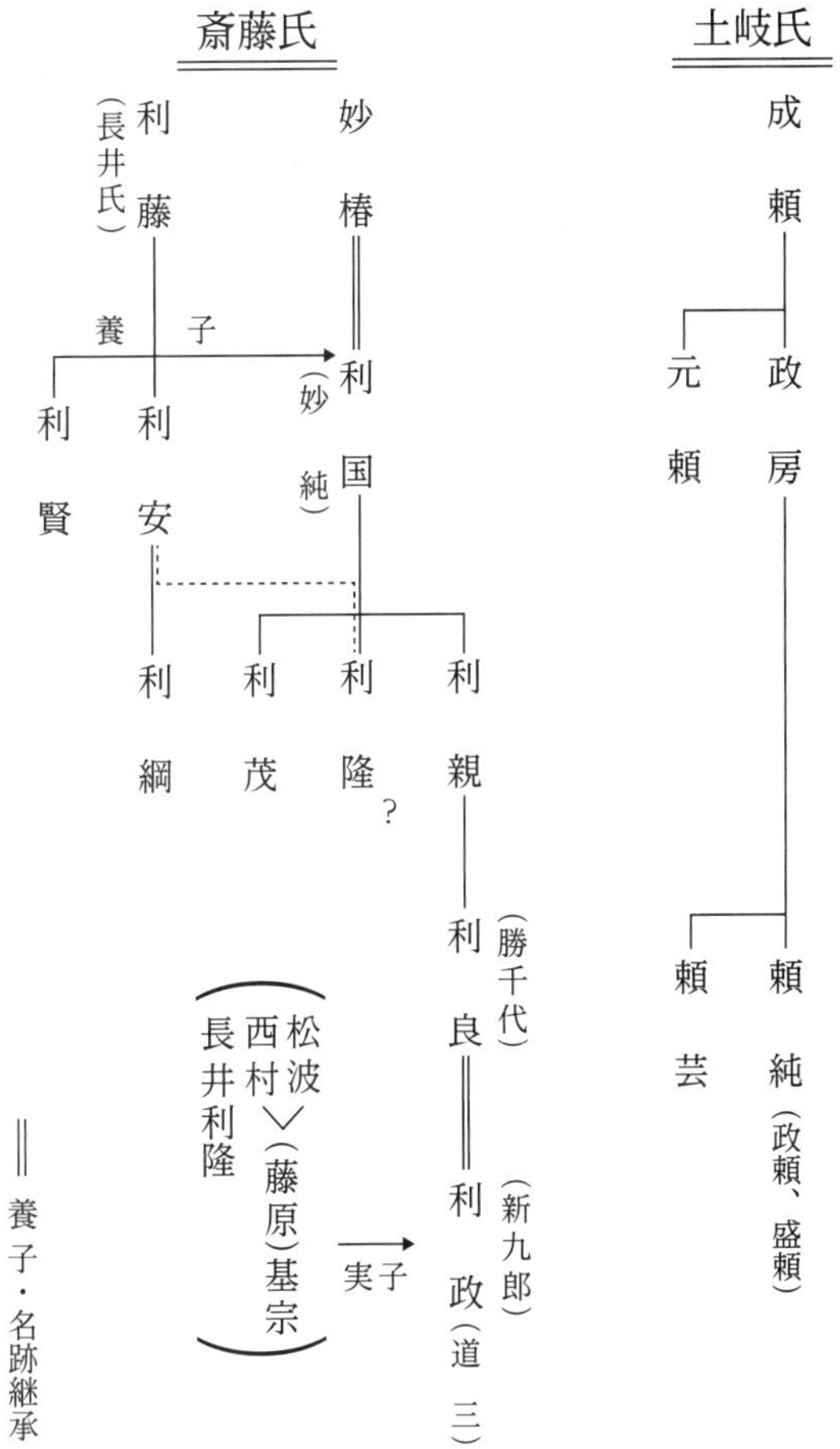
斎藤氏
土岐氏
利藤（長井氏）
妙椿
養子
利賢
利安
利国（妙純）
利綱
利茂
利隆
？
利親
利良（勝千代）
松波
西村〉（藤原）基宗
長井利隆
実子
利政（新九郎）（道三）
＝養子・名跡継承
成頼
元頼
政房
頼芸
頼純（政頼、盛頼）

その豪胆さで信長にも一目置かせた猛将

柴田勝家《しばたかついえ》

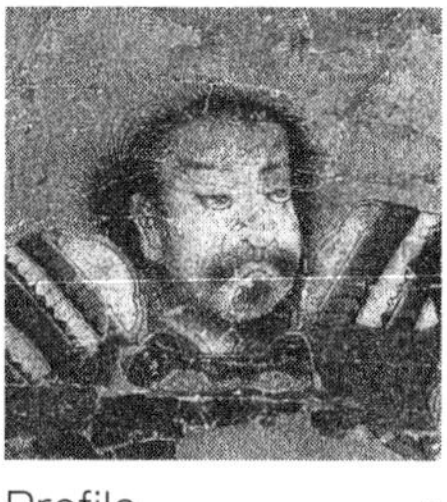

Profile

①大永2年（1522）？～天正11年（1583）②62歳？ ③尾張国出身。織田家筆頭家老。織田家北陸方面軍司令官 ④近江国長光寺城（現・滋賀県）、越前国北ノ庄城（現・福井県）⑤西光寺（現・福井県福井市）

〝甕割りの柴田〟の真骨頂

織田信長が若くして「織田」家を継いだ時、その前途を危ぶんで、信長の弟・勘十郎《かんじゅうろう》信行《のぶゆき》（別に信勝《のぶかつ》）を擁立しようと、画策した一派があった。先代信秀以来、織田家の家老職を務めていた柴田勝家も、この陰謀に荷担した中心人物の一人であった。が、事は露見し、すべては水泡に帰して

その豪胆さで信長にも一目置かせた猛将

しまう。このような場合、信長は己れに叛意を抱いた者を、決して許しはしなかった。現に、実弟の信行は一度、母にたって、と懇願されて許されたものの、ついには信長の命で暗殺されている。

勝家も死を覚悟したが、意外にも信長は不問に付し、その後はこの叛逆の将を重用した。信長が例外として勝家を登用した理由は、一つにその将としての能力、とくに前線指揮官としての采配ぶり、豪胆さ、力強さが、他に比して卓越していたことがあげられる。

いま一つは、人間に対して強烈な美意識を求める信長の、好みに合致したようだ。俠気《きょうき》、自尊心といったものを、体中から発散させているような古武士然とした男が、信長は好きであった。

ゴマスリの典型とされる羽柴（のち豊臣）秀吉ですら、ときには自己を主張し、金ヶ崎の敗戦では九死に一生の窮地＝殿軍《しんがり》を自ら志願するといった、潔さを示している。それがなければ、信長の方面軍司令官にまでは出世しなかったであろう。

〝甕《かめ》割り柴田〟とのちに異名をとった、勝家らしいエピソードがある。

信長が近江を攻略中のこと、敵将・六角承禎《ろっかくじょうてい》（義賢《よしかた》）が織田方の長光寺城を包囲した。このとき寺の守備隊長として入城していたのが、勝家であった。六角方では攻城戦の定石通り、城の用水池を奪い、水の手を断ち、城方の将兵が渇くのを待った。ころ合いもよし、承禎は城内へ降伏勧告の使者を送る。むろん、敵城内の視察が目的であった。

応接にでた勝家は、使者に水が有り余っていると見せかけ、欺《あざむ》いて引きとらせると、おもむろにその夜、城内の将士を集め、次のように語った。

「水は尽き、雨も降らぬ。援軍もいまだ到着せぬ。このまま無為に日を過ごしても、渇き死にするだけである。同じ死ぬなら、今夜出撃し、敵陣に斬り死にする方が武士の冥加《みょうが》であろう」

勝家は、城内に残った三つの大甕《がめ》から、城兵に一杓ずつ水を飲ませ、なかば水の残った大甕を、つぎつぎと叩き割ると、決死の突撃を敢行した。するとどうであろう、必死の織田方城兵は、十倍ほどの六角勢をついには打ち破り、敵はその勢いに押されて、潰走したという。

この勝家の武力譚は稗史《はいし》であって、史実ではあるまいが、その人となりは実によく物語っていたように思う。

信長は部下の独断専行を心から憎んだが、同量に、臨機応変の融通がきかない者をも憎悪した。この兼ね合いが難しかったが、勝家はぬかりなくバランスをとり、文字通りの東奔西走の末、信長の晩年には織田家の筆頭家老、越前一国を任されるまでになっている。

傲岸《ごうがん》さ不遜《ふそん》で底意地の悪い人物のように、後世にはいわれているが、これらの多くは、天下を取った秀吉を持ちあげるための創作。実像の勝家は、その男気をもって、多くの部下たちから慕われていた。

「親父さま」

と前田利家も、裏切る直前までは勝家を立てていた。

こうした勝家型の人材は、信長ならずとも組織、とりわけトップにとっては重宝であったろう。なにしろ、下剋上をするつもりがないのだから。

のちに秀吉に敗れたとはいえ、今も企業経営者の中に〝隠れ勝家ファン〟は少なくない。

木を見ても森を見られず、クビになった

佐久間信盛《さくまのぶもり》

Profile

①大永7年（1527）？～天正9年（1581） ②55歳？ ③織田氏家臣で佐久間氏当主。本願寺攻めの不首尾を責められ高野山へ追放、紀伊国十津川で没す ④尾張国鳴海城（現・愛知県） ⑤佐久間信盛墓所（現・奈良県十津川村）

人に仕える者の教訓

織田信長支配下の、最高幹部＝五方面軍の司令官といえば、柴田《しばた》勝家《かついえ》、丹羽《にわ》長秀《ながひで》、滝川《たきがわ》一益《かずます》、羽柴《はしば》（のち豊臣）秀吉《ひでよし》、明智光秀の五将が著名である。が、天下平定戦にいたる「織田家」は、正しくは六方面軍編成が敷かれていた。抜け落ちたのは、愚痴っぽくて煌《きらめ》くような才覚には乏しいもの

の、一面、豪胆でやること諸事に念の入っている——とくに持久戦に適任、と信長に評された佐久間信盛《さくまのぶもり》であった。

信盛の家格、地位はもともと柴田勝家と並び、主君信長の信任も厚く、武田信玄の上洛戦に際しては、同盟者・徳川家康の援軍に赴き、信長最大の敵・大坂本願寺攻略においても、真正面の指揮権を与えられていた。

ところが晩年、突如として信長に、近畿方面軍司令官を解任され、あげく息子・信栄《のぶひで》（あるいは正勝《まさかつ》）ともども追放されてしまう。

今日の企業に例えれば、粉骨砕身して会社のために働き、累進し、ついには執行役員、取締役営業本部長にまでなりながら、ある日突然、役員会でワンマン社長に、鶴の一声で解任されたようなもの。

「なぜだ！」

と、信盛は反論、抗弁をしていない。

木を見ても森を見られず、クビになった

信長は信盛を追放するにあたり、信盛―信栄父子に、十九ヵ条からなる〝折檻状《せっかんじょう》〟をしたためていたからだ。以下、少し拾ってみた。

一、お前たち父子は、五ヵ年も本願寺と向かい合いながら、よくも悪くも何の働きもしていない。

一、おそらく敵を大敵と思い込み、ことさら慎重に構えたのだろうが、それならばなぜ、調略・謀略の手を用いないのか。

一、他の方面軍司令官たちはこの間、目覚しい効果をあげているのに、お前たちは奮発することもなく、日々をムダに過ごした。

一、部下を評価して知行を増加したり、新規採用をしたりせず、けちくさく金銀を蓄えることばかり考えているから、天下の面目を失ったのだ。

――最後に信長は、「頭をそって高野山に行け」とまで激怒している。

おそらく信盛には、クビを宣告されるまでは信じられないことばかりであったろう。戦塵《せんじん》の労をねぎらってくれるならまだしも、追放とは……。

だが、この信長の言い分には、それなりの根拠があったのも事実である。

当時、信長は四面楚歌のなかにあった。反織田包囲網である。いくら持久戦が得意だからといって、頭も使わず、調略も用いず、ましてや相談にも来ないで、それでいて私利私欲と受けとられかねない節約をやっていたとあれば、信長でなくとも経営者《トップ》の多くは許しておくまい。

なにより信盛の失敗は、己れの作戦担当区域のみを知りて、「織田家」全体の動きをみていなかったところに尽きた。

信盛型の人材は、開発部門、技術部門に多い。人脈をできるだけ広げ、会社内外の情報を入手するよう、日頃から工夫する必要がありそうだ。

天下人になれず「逆臣」となった

明智光秀《あけちみつひで》

Profile

①享禄元年(1528)?~天正10年(1582) ②55歳? ③美濃国斎藤道三家臣といわれ、のち織田信長に仕えた。主君信長を暗殺(本能寺の変)。山崎の戦で秀吉に敗れ、落人狩により死去 ④近江国坂本城(現・滋賀県)、丹波国亀山城・同国福智山城(ともに現・京都府) ⑤西教寺(現・滋賀県大津市)

世情の動きと人心

織田信長に天下を取らせるべく懸命に仕えながら、結果として自らこの主君を葬《ほうむ》った、〝逆臣〟明智光秀の異才を理解することは、かなり骨の折れることである。

光秀は、美濃の名門・土岐《とき》氏の支族、明智光国の子であった、との伝承はあるものの、その出自《しゅつじ》はかなり怪しい。筆者は室町幕府に出仕していた、と考えてきたのだが、出身はともかく、光秀は武家貴族の共通語を操り、室町式の礼儀作法も心得ていたことは間違いない。

突飛なことをいうようだが、実は、この人物が信長に認められたそもそもは、その専門性ゆえの可能性が高かった。厳密にいえば、言葉である。

光秀が歴史の表舞台に登場するのは、永禄十一年（一五六八）九月に入ってからであった。この頃、光秀は越前の国主・朝倉義景《よしかげ》に客将として仕えていたが、義景を頼ってきた将軍候補の足利義秋（のちの十五代将軍義昭）が、改めて織田信長を頼ることとなり、その交渉の過程、機縁で、自らも信長に仕えることとなったわけだ。

当初、光秀は室町武家言葉と信長の尾張弁を聞き分け、双方の意志の疎通をはかったはずである。美濃は尾張の隣国、彼は信長の言葉が理解できたにちがいない。

つづいて、京都の行政官をつとめさせられ、光秀は予想以上の成績をあげている。ならば戦《いくさ》はどうか――、と信長に合戦の指揮を執《と》らされても、光秀は抜群の腕前を示した。

信長の評価は、高まる一方である。それを受けた光秀の意識の中に、己れを武家貴族に擬するものが芽生え、育ったのは想像に難くない。

外交と行政、合戦共に秀でた立場から、主君信長の言動を改めてみた時、光秀にはこの人物がどのように映ったであろうか。自由奔放《ほんぽう》な信長の気性とも合わず、生真面目な光秀は主君に対する批判をもち、それを内心鬱積《うっせき》させて、ついには謀叛に踏みきってしまったように、思われてならない。

換言すれば、彼は語学や礼法の世界にない情報――すなわち、〝時勢〟〝人気〟といったものを、かいもく理解する術《すべ》を持たなかった。

天正十年（一五八二）六月二日、

「敵は本能寺にあり」（『日本外史』）

と、後世に名言を創られることになる叛逆――光秀は信長を急襲してこれを滅ぼし、五日には同僚であった羽柴（のち豊臣）秀吉の属城・長浜城と丹羽長秀《にわながひで》の居城・佐和山城を陥している。

六日、光秀は越後の春日山城主・上杉景勝《うえすぎかげかつ》に使者を送り、同盟を呼びかけた。そして、家臣の沼田光友を派遣し、親戚となっていた細川藤孝《ほそかわふじたか》（幽斎《ゆうさい》）――忠興《ただおき》（妻は光秀の娘・ガラシャ）父子の勧誘にあたらせている。

光秀の書状には、信長を討ち果たした経緯とともに、

「人数を召し連れて、早々に上洛してほしい。幸い、摂津国が闕国《けっこく》（領主不在の国）となっているので、これを新しい知行地として貴殿に差し上げたい」

といった内容が述べられていた。

光秀は細川家の荷担については、全く疑念を抱いていなかったようだ。にもかかわらず、味方につくと期待していた大和の筒井順慶ばかりか、最大の拠り処《どころ》とした細川家にまで見放され、光秀の天下は〝三日天下〟（実際は十一日）に終わってしまった。

〝中国大返し〟をおこない、畿内へ駆け戻ってきた羽柴秀吉の軍勢と山崎に戦い、一敗地に塗《まみ》れて、最後は落武者狩りの農民の竹槍によって、その生涯を閉じてしまう。

光秀型のまじめなビジネスマンは、余生、第二の人生を念頭に置きながら、向きになって仕事をせずに、肩の力を抜いて、少しずつ余力を貯めながら、日々、働くべきかもしれない。

「天下布武」の原動力

織田信長《おだのぶなが》

Profile

①天文3年(1534)～天正10年(1582) ②49歳 ③尾張国の小領主、織田信秀の子 ④尾張国清洲城(現·愛知県)、近江国安土城(現·滋賀県)、美濃国岐阜城(現・岐阜県) ⑤総見院(現・京都府京都市)ほか

三十六計の極意

勢いに乗って攻めるときの決断ほど、容易なものはない。歴史を紐解《ひもと》いてみて、最も教えられる決断は、敗戦時の、退き際ではあるまいか。

「天下布武」のスローガンを掲げ、雄々しく天下統一に邁進した織田信長といえば、多くの人々は、駿河の太守・今川義元《いまがわよしもと》の大軍（実勢二万五、六千）を、寡勢（約三千弱）で迎え撃った桶狭間の戦い、あるいは浅井《あざい》・朝倉連合軍を徳川家康とともに破った姉川の合戦、武田勝頼率いる騎馬隊を撃ち破った長篠・設楽原の戦いなど、華々しい戦歴を思い浮かべる方が多いにちがいない。

だが、この信長にも生涯で最も苦渋に満ちた、〝金ケ崎の敗戦〟があったのである。

永禄十一年（一五六八）九月、信長は将軍候補の足利義昭《あしかがよしあき》を擁して上洛を果たし、義昭を十五代将軍に据えると、瞬く間に畿内を平定し、京と尾張・美濃（現・岐阜県南部）を結ぶルートを確保。畿内を併合して、領土を拡大。まさしく信長は、時代の勢いに乗っていた。

その彼の、次なる攻略目標は、越前（現・福井県北部）であった。途中の北近江（現・滋賀県北部）には、同盟者で妹婿の浅井長政がいる。

永禄十三年四月、信長は十五代将軍義昭の代理として、諸国の軍勢に上洛を命じ、予定兵力が揃ったところで京を進発した。

琵琶湖の西方から湖北へと急ぎ、越前敦賀に侵入すると朝倉方の天筒山《てづつやま》城を攻撃、難なくこれを抜くと、さらに金ヶ崎城を落とし、文字通り、破竹の勢いを天下に示した。

意気挙がる織田連合軍は、間髪《かんぱつ》を容《い》れず、木ノ芽峠から十六里を驀進し、敵＝朝倉義景の根拠地・一乗谷《いちじょうだに》を、一気に陥れるための、諸隊の部署割りを終える。が、ここに来て、大変事が出来《しゅったい》した。

浅井長政が窮地に立った朝倉氏を救うべく、俄《にわか》に織田連合軍の退路を断つ挙に出たのであった。

敦賀平野は三方を山峡に囲まれ、一方は日本海に面している。前方から敵を迎えるだけでも難しい地形であり、前後から挾撃されれば、何処にも

「天下布武」の原動力

逃げ場がなかった。信長は己れを知り、敵＝朝倉義景を知り尽くしたと自負して、この難しい戦いを決断したのだが、どうやら味方の中の、潜在敵対勢力（浅井長政――より厳密にはその父・久政）には気付かなかったようだ。

これは勢いに乗っている者が、往々にして陥る、慢心と受けとられても致《いた》し方ない。最悪の事態であった。

この時代、「卑怯者」や「臆病者」と呼ばれるほど、名誉の武将にとって屈辱的なことはなかった。将士は人々に笑われぬためにも戦場では勇み、潔《いさぎよ》く、卑怯な振る舞いをせず、武辺道を心がけたものだ。

それを知らない信長ではなかったが、知りながら彼は、部下や友軍を置き去りにして、さっさと敵前逃亡を決断した。それはまさに、神業のごとき迅速さであった。

男子にとって生きるのが苦しく辛いのは、名誉を捨てねばならないときであろう。生き恥をさらして再戦を期すのは、並大抵のことではない。責任感や名誉心の強い人ほど、生命《いのち》を捨てるほうが、遙かに楽だと思うはずだ。だが、信長は躊躇《ちゅうちょ》しなかった。

「動くに時を失わず」(『淮南子《えなんじ》』)

という。

彼は逃げた。京へ、そして岐阜へ。信長の胸中には、この苦い敗戦をどうやって挽回するか、それのみが去来していたことであろう。

このあと、姉川の戦いとなるのだが、それは置き、決断の妙所は進むより、退くときにこそある。しかしこれは、言うは易く、実行は難い。多くの武将は退き際に意地を持ち込み敗死したが、信長は逃げて再起し、ついには「天下布武」に王手を掛けるまでに迫った。

「三十六計、走るを上計《じょうけい》と為《な》す」(『冷斎夜話《れいさいやわ》』)

という言葉もある。文意は、軍略には三十六計の戦い方があるが、そのなかで逃げて身をまっとうするのが、第一の良策である、となった。

よくよく、吟味いただければと思う。

好奇心こそすべて

さて、「天下布武」のスローガンを掲げ、全国制覇にあと一歩と迫った織田信長の大躍進は、この人物に発掘された滝川一益、羽柴（豊臣）秀吉、明智光秀ら幾多の、部将の貢献に負うところが大きかった。

換言すれば、ほかの大名たちは信長のような人物発掘・活用ができなかった、ということになる。

ほかの戦国大名が成し得ず、信長のみに可能であった人材登用・抜擢の

〝成功の秘訣〟とは、いかなるものであったのだろうか。

信長には一つの、確かなバックボーンが存在した。

一言でいえば、〝不思議〟（理に合わぬもの）を否定する、その性癖であった。彼は今風にいえば、どのような事柄にも必ず、裏付けとなるものがある、との信念、合理主義を幼少期から身につけていた。

たとえば、合戦の最中に突如、将士が倒れたとする。中世の感覚では、これは怨霊《おんりょう》の成せる業《わざ》として怖《お》じ気《け》づくものだが、信長は怨霊そのものを認めようとはしない。体の具合が悪かったのか、または、ほかの具体的原因があって倒れたのか、徹底的に調べた結果、甲冑を貫いていた鉄砲玉が発見できれば、ここに到って彼ははじめて納得し、安堵する。

なぜならば、理に適《かな》ったからだ。

――次のような、エピソードがあった。

「天下布武」の原動力

これは信長晩年のことになるが、〝無辺《むへん》〟と号する旅僧が出現した。

近江の安土《あづち》近くの石馬寺《いしばじ》に逗留し、秘術・奇術をもって諸人の崇敬を集めている、と評判が立った。群集は門前市《いち》をなし、大繁盛であったとも。

だが、信長は違った。

「この世に不思議の現象など、起こり得る筈《はず》はない」

直ぐさま無辺を安土城に呼び寄せると、自ら尋問にあたった。

まず信長は、その生国を問う。旅僧は「無辺」とのみ答えた。重ねて信長は、「唐人か、天竺《てんじく》の者か」と質《ただ》したが、無辺は「修行者と申す」とだけ答えた。

多分、彼は禅問答のつもりでいたのかもしれない。世の中には、こうした応対でありがたがる者もいたのだろう。が、相手が悪かった。

するとと信長はすかさず、

「ならば、火焙《ひあぶ》りにせよ」

と近習に申しつけた。

不思議の術があるならば、その威力をここで発揮してみせよ、というのだ。

さしもの無辺も、これには顔面が蒼白となり、

「出羽国、羽黒の者です」

と慌てて釈明したが、信長はなおも手を緩《ゆる》めない。

結果、無辺はこっぴどく叱責されて、生命《いのち》は助けられたが裸にされ、縄をかけられたうえで安土を追放となった。が、これにはまだ後日譚がある。

無辺が性懲りもなく、〝丑時法《うしどきほう》〟といういかがわしい儀式をおこない、深夜に女性を集めて淫《みだ》らな所業に及んだことが発覚し、信長の知るところとなった。彼はたかがペテン師と捨て置かず、全国各地に通報を発して、無辺の捕縛を命じると、今度は本当に火焙りの刑に処した、と記録にある。

ところで、同時代を信長と生きた多くの人々は、こうした彼のやり方を

「天下布武」の原動力

異常ととらえ、「大うつけ者」などと称した。

しかし、こうした信長の合理主義、実証精神については、来日していたキリスト教の宣教師たちのほうが、よく理解し、その本質を摑んでいたようだ。彼らは信長の合理性、何ものにも拘《こだわ》らない自由さについて、くり返し、『耶蘇《やそ》会士日本通信』に記録している。ともあれ、信長は不思議を否定するにも、自身が率先して行動を起こしたが、この行動力、端的にいえばある種の好奇心が、実は信長の「天下布武」に、大きな原動力となったのは間違いなさそうだ。

信長にとって好奇心こそが、新しい情報を得、発想を生み出す要因であった、ともいえる。無論、人材の登用・抜擢も、同じ原理にもとづいていたといってよい。

頑固者でも、組織の〝潤滑油〟として重宝がられた

✖丹《に》羽《わ》長《なが》秀《ひで》

Profile

①天文4年（1535）～天正13年（1585）②51歳 ③尾張国守護・斯波氏の家臣・丹羽長政の子。織田氏家臣。「鬼の五郎左」と呼ばれた勇猛果敢な武将 ④近江国佐和山城（現・滋賀県）、若狭国後瀬山城（現・福井県）、越前国北ノ庄城（現・福井県）⑤松柏山総光寺（現・福井県福井市）

組織に必須の存在

「織田家」における丹羽長秀の声望は、筆頭家老・柴田勝家と並び称せられ、他から抜きんでていた。

秀吉が信長から官位を授かったとき、木下姓を改め、右の二人にあやかりたい、と名字の一字ずつを拝借し、〝羽柴〟と称したのは有名な話である。

頑固者でも、組織の〝潤滑油〟として重宝がられた

一方の長秀の丹羽家は、代々、尾張の守護・斯波氏の重臣として仕えた名門であり、かつては「織田家」と同等の地位にあった。

それがいつしか「織田家」の家臣となったわけだが、能力第一主義、人物本位の信長のもとにあって、次席家老、今日の企業でいえば常務取締役の地位を占め得たのは、尋常なことではなかったろう。当時の小歌に、

〝木綿《もめん》藤吉　米五郎左《こめごろざ》　掛《かか》れ柴田に　退《の》き佐久間〟

というのがあった。このなかで長秀＝五郎左（衛門）は、米と同じだ、と評されている。これがなくては、いささかも生きてはいけない。換言すれば、「織田家」における潤滑油的存在であった、といえそうだ。

長秀は人物の器量、能力において、柴田勝家よりは小ぶりであったが、勝家が他人に持たれた圧迫感、威圧といったものが、長秀にはなかった。

ただ、勝家以上に頑固者であったようだ。信長が畿内を制圧したとき、幹

部たちに官位を与えた。秀吉はこの時、筑前守に任官したのだが、越前守にと信長が決めていた長秀は、頑強にこれを辞退する。

「拙者は、朝廷の官位などいりませぬ。織田家の丹羽五郎左衛門のままで、けっこうでございます」

信長もこれには閉口し、ついにはサジを投げてしまう。

が、こうした長秀の質朴、頑固さは、決して信長の嫌うところではなかった。むしろ、頼もしく思っていたようだ。そうでなければ、養女(信長の庶兄・織田信広《のぶひろ》の娘)を娶《めあわ》せたりはしまい。

長秀の性格は、合戦の仕方にも反映していた。

その戦いぶりには、奇策縦横の華やかさはなかったものの、いかなる難局にいたっても慌てず、乱れず、堂々と対処し、攻め方は真正面から、敵を一刀両断するような気迫で押し出した。

頑固者でも、組織の〝潤滑油〟として重宝がられた

信長が一目置いた頑固さと、「織田家」における人望（潤滑油的存在）が、いかんなく発揮されたのは信長の死後であった。

跡目をめぐって筆頭家老の柴田勝家と、実力者の羽柴秀吉が激突した。もし、この「織田家」の内紛が長期化すれば、漁夫の利を得るのは、他の戦国大名家である。あるいは、せっかく天下平定にむかっていた時勢が、乱世へ逆戻りしかねない。長秀はこの事態を収拾するにあたって、己れ個人の利益をかえりみず、明智光秀を討って勢いに乗る席次下位の秀吉を、よりベターなものとして選択。中立層の支持をとりまとめ、賤ヶ岳の合戦では秀吉の援軍をも務めて、天下統一の方向を決した。

頑固者だが、時勢をみる確かな眼力を備え、常に不偏不党の立場にたてる長秀型の人材は、「織田家」のみならず、組織の宝ともいうべき存在であったろう。

黒田官兵衛を重用した眼力

豊臣秀吉《とよとみひでよし》

Profile

①天文6年（1537）～慶長3年（1598）　②62歳　③尾張国中村出身。木下藤吉郎、羽柴秀吉と改名　④近江国長浜城（現・滋賀県）、摂津国大坂城（現・大阪府）、山城国伏見城（現・京都府）　⑤豊国廟（現・京都府京都市）

優秀な人材を得る方法

天文十五年（一五四六）、播州の小大名・小寺《こでら》氏の家老の家に生まれた黒田《くろだ》官兵衛《かんべえ》孝高《よしたか》は、はやくから織田信長の勢いを察知。その天下制覇の可能性を確信して、主家の安泰を計るべく、織田方への随身に奔走した。

中小勢力が生き残るには、常に旗幟《きし》を鮮明にしなければならない、とい

黒田官兵衛を重用した眼力

うのが官兵衛の持論でもあった。

その交渉の過程で出会ったのが、織田家の部将・羽柴（のち豊臣）秀吉――この人物は後世、人の心を攬《と》る名人だと喧伝されたが、官兵衛の尋常ならざる才能を見抜くと、徹底して彼の関心を己れに向けようと腐心する。

「その方の儀は、われら弟の小一郎（秀長）同然に心易く存じ候間《そうろうあいだ》、なに事をみなみな申すとも、その方、直談をもって、ぜひは御さばきあるべく候」

即ち、官兵衛を実の弟・小一郎と同様に思っているので、誰彼が中傷のようなことを言っても、自分に直接、会ったうえで確かめ、是非の判断をしてほしい、と秀吉は手紙で語っているのである。

秀吉は満面に笑みをたたえ、賢者を遇するがごとき慎《つつ》ましやかな態度で、官兵衛の言に耳を傾け、ときには織田家の機密に類する事柄でも、無造作に漏らして官兵衛を驚嘆させた。

挙句は、いよいよ自身が織田家の中国方面軍を指揮すると決まるや、自ら誓書を官兵衛に与え、兄弟の盟約すら結んでいる（官兵衛は秀吉より九歳の年少）。

以来、官兵衛は全幅の信頼をもって、己れを認めてくれた秀吉に、懸命に仕えた。

ここで見過してならないのは、秀吉が官兵衛を単に、権謀術数に優れた人物とのみ理解していなかった事実であろう。

——秀吉の読みは一段、深かった。

官兵衛の本性が実は律義者であることを、彼は見抜いていたのである。

黒田官兵衛という人物が、己れの才を誇って奇略を用い、次々と敵を倒す策謀家であったとしよう。一度や二度ならともかく、その手口を知れば

黒田官兵衛を重用した眼力

人々は、油断のならぬ男として、官兵衛を警戒したに違いなかった。計略はすべからく、相手に構えられては成り立たない。いかに卓越した謀《はかりごと》といえども、つけ入る隙がなければ術の施しようはなかった。

ところが官兵衛は、幾度となくその手腕を発揮し、〝調略〟を成功させている。これは当時の人々にとって、この人物が無欲にして無私、心映えの涼《すず》やかな人物として、映っていたことを意味していた。

人の心の丈《たけ》（思うことのすべて）を掌《たなごころ》を指すがごとく読み取ることができる、といった生来の処世の才や感覚に恵まれ、かつ何事をおこなうにも便利な物腰の柔らかさを持ち合わせながら、官兵衛には、己れの主張が大義名分の上で間違っていない、と信ずれば、決して相手に譲らぬ頑《かたく》なさがあった。

主家の小寺氏に疎《うと》まれ、織田家の近畿方面軍司令官に抜擢された荒木村《あらきむら》重《しげ》が主君信長を裏切り、それと通じた主君・小寺政職《まさもと》に殺害されかかったのも、官兵衛の〝信〟〝義〟の気質のゆえでもあったわけだ。

できる男は一面、一徹者でもある。これをどう使いこなすかは、一《いっ》にその上司の手腕にかかっていた。

天正十年（一五八二）六月三日夜半、備中高松城（現・岡山県岡山市北区）を攻囲していた秀吉の陣営に、本能寺の異変がもたらされた。

――信長死す。

この直後から、秀吉が徳川家康を屈服《くっぷく》させるまでの三年間、官兵衛の果たした役割は、あまりにも大きかった。もし、秀吉の幕下に官兵衛がいなければ、秀吉ははたして天下を取ることができたであろうか。

自らのぶざまな失敗を、終生肝に銘じつづけた

徳川家康《とくがわいえやす》

Profile

①天文11年(1542)～元和2年(1616)　②75歳　③三河国岡崎城主・松平広忠の長男。江戸幕府の初代征夷大将軍　④三河国岡崎城(現・愛知県)、遠江国浜松城(現・静岡県)、武蔵国江戸城(現・東京都)、駿河国駿府城(現・静岡県)　⑤久能山東照宮(現・静岡県静岡市)、日光東照宮(現・栃木県日光市)ほか

猛省することの重要性

天下人となった徳川家康を、いまもって誤解している向きが少なくない。

太り過ぎて乗馬も億劫《おっくう》なほどの体軀《たいく》・風貌から、この天下人を「タヌキおやじ」と評し、陰謀、背信、簒奪《さんだつ》、威嚇、甘言といった悪徳・奸謀の梟《きょう》雄《ゆう》と思い込んできた向きは少なくない。

一般的な人気の無さも、それゆえであったといえよう。

別に、「稀代の忍人」との評もある。〝忍人〟とは、目的遂行のためなら、いかなる残酷なことも平然と実行に移せる者をいった。

そうかと思うと、きわめて用心深い人――これが転じて、忍耐づよい武将とイメージされた家康は、徳川二百六十五年の泰平を築いた実績と相《あい》俟《ま》って、後世、ビジネスマンの世界では、「経営者の鑑《かがみ》」と高く評価される一面も持たされている。

ところで、こうした評価とまったく異なる行動を、この家康が生涯に二度だけ実行したことがあった。一度目は元亀三年（一五七二）十月、甲斐の武田信玄が西上戦を展開したときのことである。

京までの途中、甲州軍団の行く手を阻むものは、織田信長とその同盟者・徳川家康の両大名だけであった。信玄は名だたる騎馬隊を率い、家康方の二俣《ふたまた》城を陥し、次いで信長方の岩村城を攻略。破竹の進撃で十二月中旬、家康の居城・浜松城に迫った。城は、風前のともしびとなる。

浜松城を目前にした信玄は、全軍に布告した。

「浜松城《この》は捨ておき、祝田《ほうだ》、刑部《おさかべ》、井伊谷《いいのや》道を通過して、東三河へ進撃する」

この信玄の決定を知った浜松城では、人々が胸をなでおろした。

「味方は城門を閉じ、出撃せぬことこそが肝要《かんよう》にございます。敵が通過してのち、その後方を撹乱《かくらん》するのが得策でありましょう」

徳川家の重臣たちは口々に進言し、同盟の織田家から来た諸将も、家康に自重を説いた。ところが、ひとり家康だけが納得しない。

あるいは、家康の胸中には、同盟者の信長が、かつて果断に決行した桶狭間の戦い——一大奇襲戦が去来していたのかもしれない。

「わが城下を通過する敵に、一矢も報いることなく見送ったとあれば、武門の名折れぞ」

家康は大多数の反対を押し切って、出陣の断を下した。

それでも彼は慎重に情報を収集し、信玄の軍勢が三方ヶ原の台地の尽きる辺り、祝田と呼ばれる狭所で、大挙して食事をとるとの報告に接する。

三方ヶ原は浜松城の北にあって、東北から西南に横たわる台地であった。

家康はここぞとばかりに、一挙に甲州軍団を奇襲・壊滅すべく出撃命令を下した。彼にすれば、雨中を衝《つ》いて桶狭間に疾駆する、信長の勇姿にも似た思いであったろう。

だが、これこそが信玄の策略であった。信玄は、家康が籠城《ろうじょう》したのでは城攻めに時間がかかるばかりか、容易に陥せない、と判断し、三方ヶ原に家康をおびき出す作戦に出たのである。

案に違《たが》わず徳川・織田連合軍は、待ち構えていた武田軍によって、完膚《かんぷ》

自らのぶざまな失敗を、終生肝に銘じつづけた

なきまでに打ち砕かれたばかりか、大将家康の生命《いのち》すら危うくなる有り様。彼はほうほうの体《てい》で、浜松城に逃げ帰った。恐怖のあまり、馬上で脱糞《だっぷん》したといわれたのは、この時のこと。

ところが家康は、この三方ヶ原の戦いで信玄に完敗した己れの慢心を反省するために、敗戦時の自分の姿を描かせ、生涯、座右から離さなかった（絵は現在、徳川美術館に所蔵）。自らの勇姿ではなく、惨めな敗残の姿を描かせ、後世に伝えた戦国武将は一人、家康だけであった。

また、彼は学習もしており、信玄に自らが完敗させられた同じ手＝釣《つり》出しを、関ヶ原の戦いで臆面《おくめん》もなく使っていた。

大垣城に籠《こも》る石田三成を、攻城戦の苦手な家康は、城外におびき出すため、大垣城を無視して三成の居城・佐和山城を落とす、とのニセ情報を敵方に流し、見事に西軍を関ヶ原へ誘い出すことに成功している。

だが、勝負はなかなか決しない。西軍少数の予想外の頑張りがあったからだ。加えて、西軍の小早川秀秋が裏切りを約束していながら、なかなか兵を動かさない。

――この時である。家康は切れた（二度目）。

小早川勢に向けて、鉄砲二百挺による威嚇《いかく》発砲を命じたのである。一つ間違えば、小早川勢はこちらに向かって殺到して来るかもしれない。それを承知で、家康は命令を下したのだ。

結果は、あわてた秀秋の、西軍への突入で家康の勝利が確定した。

この「タヌキおやじ」の天下取りを、棚からぼた餅のようにいう人がいる。家康本人も、「天下ころび懸《かか》る故《ゆえ》に」自分は天下を取れた、と言っていた（「小幡景憲《おばたかげのり》咄之書」）。が、現実はそれほど容易《たやす》いものではなかった。

自らの性格についても、リーダーたる人は常々、考えていただきたい。

自分の目で上司を選び、仕事をした智将

竹中半兵衛《たけなかはんべえ》

Profile

①天文13年(1544)～天正7年(1579) ②36歳 ③美濃国斎藤家家臣・竹中重元の子。諱は重治。戦国期を代表する軍師。黒田官兵衛とともに「両兵衛」と称される。「その容貌、婦人の如し」と史料に残る ④美濃国菩提山城・同国稲葉山城(現・岐阜県)、播磨国三木城(現・兵庫県) ⑤栄運寺(現・兵庫県三木市)

いかに己を知らしめるか

部下は上司を選べない――この組織不変の鉄則について、いや、そうでもあるまい、とひと工夫した歴史上の人物がいた。

戦国屈指の智将・竹中半兵衛《たけなかはんべえ》重治《しげはる》である。

彼は熾《し》烈《れつ》な生き残りを賭けた乱世にあって、巧みに主家を替え、それで

いて名声を損なうことなく、己れの値打ちをその都度、高めることにも成功している。

この半兵衛を偉大なる智将として、天下に喧伝したのは、主君・斎藤龍《さいとうたつ》興《おき》の居城である稲葉山《いなばやま》城を、一夜にして奪った離れ技であった。

〝天下一の堅城〟とまで呼ばれた、今は亡き梟雄《きょうゆう》・斎藤道三《どうさん》が心血を注いで築城したこの城を、半兵衛はあろうことか、わずか十七、八人の手勢で、あっさりと奪ってしまったのである。

半兵衛はのちに、語っている。

「城の堅固などは、迷信のようなもの。つけ入るべきは、その油断である」

城中にあった弟・久作（重矩《しげのり》）に仮病《けびょう》をつかわせ、見舞いを口実に城中へ侵入。要所を奇襲して押え、難なく稲葉山城を手中にすると、岳父・安藤守就《あんどうもりなり》の兵力二千余と合流。防衛を固め、国内はおろか隣国からの攻撃にも、揺るがぬ守備体制をとった。

そうした半兵衛に惚れた尾張の織田信長は、美濃半分と引き換えに随身を勧めたが、半兵衛は信長の申し入れを拒絶する。半兵衛は常日頃、己れを侮っていた周囲の者たちに、持てる才覚を十分に見せつけるとともに、主君龍興の酒色に溺《おぼ》れた私生活を、反省してもらうために行動したのだ、といい、目的を遂げると、城を主君に返し、彼自身は姿を消した——云々《うんぬん》。

実はこの乗取り、真相はまったく別なところにあった。

まず、主犯は半兵衛ではなく岳父の守就であり、美濃国を横領するつもりで彼は、婿の半兵衛の智謀にすがり、決起したのだ。少数による、城中侵略は成功した。にもかかわらず、思ったほどに賛同者が集まらない。半年間、城を占拠したものの、当《あ》てが外《はず》れた叛乱軍は、展望が開けないまま、城を捨てて逃亡したのである。

それほど斎藤家は、内紛状態にあったともいえる。もっとも、天下はこぞって消えた――実際は郷里にいた――若き兵法者に注目した。

半兵衛を訪ねた木下藤吉郎（のち豊臣秀吉）の説得で、半兵衛は織田家の禄を食《は》むことになるが、彼の偉大さは、すでにその時点で、秀吉に己れの才覚を十分に見せつけ、直属の部下にしたい、と思い込ませる売り込みを、さりげなくおこなっていたところにあった。

半兵衛にすれば、織田家中にあって、己れの機略を縦横に発揮できることは大きな魅力であった。が、人材の溢れる織田家は、一面で人遣いの荒いことも予想できた。信長の直臣のまま推移すれば、いずれは激しい軍務を課せられ、体力に自信のない自分は、得手とする戦略・戦術を駆使する間もなく、いたずらに死期を早めるかも知れない。

半兵衛が織田家に転職したのは、永禄十年（一五六七）、二十四歳のときである。秀吉から信長を説かせ、「軍目付」として秀吉のもとへ参陣させる計画は成功した。浅井（小谷《おだに》城）攻めのための調略、中国地方への進攻など、秀吉のもとで半兵衛は、その後も活躍している。

——その風韻《ふういん》もよかった。

秀吉の帷幕《いばく》にあって半兵衛は、白皙瘦身《はくせきそうしん》をもって、普段はゆったりと構えていたが、戦場でもその物腰は少しも変わらなかったという。

だが、その落ち着いた半兵衛の姿を見ただけで、全軍の将兵は粛然《しゅくぜん》となり、同時に、もはやこの合戦は勝利したも同然、と勇を鼓舞した。野史には、「半兵衛、雷雲《らいうん》、左右に落つるとも動ぜず」とまで記されていた。

天正七年（一五七九）四月、播磨国三木城攻めに参加した半兵衛は、陣中に発病すると、同年六月十三日に死去する。享年三十六。その生涯は短かったが、完全燃焼をした彼に、悔いはなかったのではあるまいか。

われに七難八苦を与えたまえ

山中鹿介《やまなかしかのすけ》

Profile

①天文14年(1545)? ~天正6年(1578) ②34歳? ③尼子氏家臣。諱は幸盛。武勇に優れ「山陰の麒麟児」の異名をもつ。上月城落城後、備後阿井の渡で殺害される ④出雲国月山富田城(現・島根県)、播磨国上月城(現・兵庫県) ⑤観泉寺(現・岡山県高梁市)

勝海舟が認めた不撓不屈《ふとうふくつ》の精神

――山中鹿介《やまなかしかのすけ》幸盛《ゆきもり》という、名代の戦国武将がいた。

戦後生まれにはなじみの薄い名前だが、鹿介は第二次世界大戦まで、江戸時代から連綿と日本史上、常に五指に数えられる人気者であった。

出雲尼子《あまご》の家臣で、秋宅庵介《あきあげいおりのすけ》、横道兵庫介《ひょうごのすけ》らとともに、〝尼子十勇士〟の

われに七難八苦を与えたまえ

一人に数えられている。もっとも十勇士は講談の世界で広まったため、実在性の薄いメンバーも少なくない。

なにしろ、書かれたものによって、メンバーも違うのだから。

尼子氏は近江の名門・京極氏に属し、出雲の守護代となり、月山富田城《がっさんとだ》（現・島根県安来市）を居城として勢力を拡大。一時は八カ国の守護を兼ねる大国であったが、毛利氏の勃興により衰え、家が傾きかけた頃、十勇士が登場することとなる。

史実の鹿介は、永禄五年（一五六二）以来、宿敵の毛利《もうり》氏と戦うが、山陰・山陽に、九ヵ国を領有する毛利家の力は絶大であり、出雲半国を保持するにすぎなくなっていた尼子義久《よしひさ》には、到底、勝てる相手ではなかった。

が、一部将にすぎない鹿介は徹底抗戦を誓い、一人、気を吐いた。

「願わくは、われに七難八苦を与えたまえ。よくこれを克服し、武士として大成せん」――と三日月に祈った、との伝説も生まれている。

永禄九年十一月二十八日、月山富田城はついに落城。主君の義久は安芸《あき》に幽閉されたが、鹿介は上京するや二年後、京都東福寺で僧となっていた尼子勝久《かつひさ》を還俗《げんぞく》させて、これを当主に擁立。毛利氏打倒、主家尼子氏の再興を念願して、執拗に戦いつづけた。だが、相手はあまりに巨大すぎた。

しかし、鹿介は決して初志を曲げない。毛利氏と対抗しうる勢力として、織田信長の助力を得ようと画策。敗北をくり返しながらも、天正五年(一五七七)には、改めて義勇軍を組織し、織田方の播磨佐用《さよう》郡上月《こうづき》城(現・兵庫県佐用郡佐用町)に入城することに成功する。

「さて、今度こそ――」

と、鹿介が腕に力瘤《ちからこぶ》を入れた頃、毛利軍は大攻勢に転じてきた。

信長は正面からの激突を嫌い、味方の戦線を縮小。結果、上月城は敵の

われに七難八苦を与えたまえ

包囲の中に置き去りにされてしまう。懸命な籠城戦も虚《むな》しく、七十余日後の天正六年七月三日、城は開かれ、擁立した主君の勝久は自刃となる（享年二十六）。鹿介は投降して毛利輝元《てるもと》（元就《もとなり》の嫡孫）や吉川元春《きっかわもとはる》（元就の次男）を殺害する機会をうかがうが、逆にその心中を察知され、安芸へ護送される途中、備中阿井《あい》の渡《わたし》で暗殺されてしまう。

幕末維新で活躍した勝海舟《かつかいしゅう》は、人をこきおろすのを得意とした人物だったが、例外的に好きな人物もいた。たとえば、山中鹿介である。

「死を恐れる人間は、もちろん話すに足らないけれども、死を急ぐ人も、また決して賞められないよ」

と前置きし、次のように述べた。

「――万般の責任を一人で引き受けて、非常な艱難《かんなん》にも耐え忍び、そして綽々《しゃくしゃく》として余裕があるということは、大人物でなくてはできない。こんな境遇においては、その胸中の煩悶《はんもん》は死ぬるよりも苦しい。しかしそれが苦しいといって、時局のいかんをも顧みず、自分の責任をも思わず、自殺でもして当座の苦しみを免れようとするのは、ひっきょう、その人の腕が鈍くて、愛国愛民の誠がないのだ」

と。そんなことだから、

「この五百年が間の歴史上に、逆境に処して、平気で始末をつけるだけの腕のあるものを求めても、おれの気にいるものは一人もない」

と海舟はいい、

「しかし強《し》いて求めると、まあ山中鹿之助《ママ》だ」

と、語るのであった（勝部眞長《みたけ》編『氷川清話』）。

厳しい毎日を送っている経営者やビジネスマンの方々も、この辺り、ぜひ山中鹿介に学んでいただければと思う。

鹿《か》島《しま》源《げん》五《ご》

Profile

①不詳　②不詳　③『義残後覚』（愚軒編）に見える人物。生国も主君も不明。武田信玄、織田信長がともに活躍した永禄から元亀年間の人物か。一千貫文の禄を得ていたという。④なし　⑤不詳

転職で重要な懸案

鹿島源五《かしまげんご》という、世に聞こえた武辺者がいた。名も結構知られていたため、何処《いずこ》の戦国大名家でも一千貫文ぐらいの禄を用意して、召し抱えたい、といったという。

ちなみに、一千貫文といえば、ざっと年俸四千万円強——高額の年俸（基

本給）といわねばならない。

この源五に、織田信長が人を介して、三千貫文で織田家に仕える気はないか、と持ちかけたという。三倍である。喜んで受けるかと思われた源五は、意外にもこの話をあっさりと振ってしまう。

「どれほど禄を下されようとも、信長公の許《もと》には仕えたくない。拙者には嫌いな主《あるじ》でござりますれば……。信長公は侍の忠・不忠の区別なく、少しでも意に逆らうことがあれば、すぐに討たれるとか。そのうえ、諸事万端そのときどきの機嫌次第とも聞き及んでいます。なにほどの高禄を下されようとも、当方からお断わりいたす」

源五はそういったあとで、

「――これから東国へ下り、甲州の武田家で働いてみたいと思っております」

主君の選択を誤まった乱世の実力者

と付け加えた。これは『義残後覚《ぎざんこうかく》』（愚軒《ぐけん》編）にみえる挿話《エピソード》である。

甲斐の武田信玄のところでは、法令も制度も整い、人を手厚く遇すると評判になっていたようだ。なるほど、「甲州法度《はっと》之次第」などをみると、信玄は理を尽して武士の生き方を説いている。

ところが、この源五が武田家への仕官を望んだ少し前、武田家中では次のような風聞が流れていた。信玄が中級クラスの家格にあった家臣を、抜《ばっ》擢《てき》のうえ侍大将＝家老職に任命しようとしたところ、

「このような前例破りはなりませぬ」

家臣たちが挙《こぞ》って反対。ついに、その人事は沙汰やみになったという。

「御大将の名誉とは、第一に人材、第二に国の政治、第三に大合戦での勝利」

と信玄は言い（『信玄全集』）、常にそう心掛けてきたが、身分制の壁は甲斐武田家においては予想以上に厚かった。

家臣が仕え甲斐のある主君を求め、諸国を巡るのが普通であった戦国時代、主家を離れた武辺者は、より高く己れを買ってくれる仕官先を懸命になって捜した。

確かに信玄は、こうした牢人《ろうにん》に対しては寛容な態度で接し、その人物を自分の目で見極めては、前の仕官先＝大名家より高禄をもって召し抱えることを心掛けた。が、信玄が雇用した武士たちは、その後、武田家でどのような処遇を受けたか、詳細に追ってみると意外なことが知れる。

彼らはほとんどが、牢人だけの部隊（牢人頭の率いる独立部隊）に組み入れられ、信玄の実弟で武田家ナンバー2《ツー》の典厩信繁《てんきゅうのぶしげ》の指揮下に入っていた。そうしなければ、代々仕えてきた譜代の将士が、納得しなかったのであろう。牢人部隊はいずこの大名家でも、最前線に立たされた。

生命《いのち》を失う確率も、高かったのである。鹿島源五が武田家に仕官できたとしても、こうした仕組みの例外とはなり得なかったに違いない。

現に、真田幸隆（昌幸の父・信之や信繁の祖父）は、信玄を助けて越後の上杉謙信の南下を、専門に防いだ智謀の将であったが、その待遇は植民地の司令官という範中を出ることはなかった。幸隆は、武田家の重臣とはなっていない。

兵農未分離の時代である。こうした譜代・外様の身分制の壁は、何処の地でも存在した。これこそが、この時代の常識—習慣・慣例であった。

この通念を完璧に打ち破ったのが信長であったのだが、さて、源五の選択は真に的を射ていたものであったのか否か。ぜひ、晩年の彼に聞いてみたかった。

待遇と将来性、併せて社風といったものは、転職にとって重大懸案といえそうだ。

慈しみをもって部下に接した

黒田官兵衛《くろだかんべえ》

Profile

①天文15年（1546）～慶長9年（1604）②59歳 ③姫路城代・黒田職隆の子。羽柴（のち豊臣）秀吉の軍師。筑前福岡藩祖 ④播磨国姫路城（現・兵庫県）、豊前国中津城（現・大分県）、筑前国福岡城（現・福岡県）⑤崇福寺（現・福岡県福岡市）ほか

〝人使い哲学〟の極意

『黒田家譜』（貝原益軒《かいばらえきけん》著）に拠《よ》ると、大将たる者の心構えとして、黒田官兵衛（如水《じょすい》）が、後継者の長政《ながまさ》に語った言葉が述べられている。

以下に、現代語訳してみた。

「大将たる者は、威厳がなくては万人を制することはできない。とはいえ、

心得違いをして、無理に威厳のあるように振る舞うのも、かえって大きな害となる。

その理由は、一途に諸人から恐れられるようにするのが威厳だと心得て、（中略）居丈高《いたけだか》になる必要もないのに目をいからせ、言葉を荒々しくして諫言《かんげん》を聞き入れなかったり、己れに非があろうとも、逆に、いい紛《まぎ》らわせ、わが意を押し通そうとするのでは、（人々は）ただ怖れるばかりとなり、忠義を尽くそうと思う者もいなくなり、己れの身のことだけを考えて奉公するようになる。

このように高慢で人を蔑《ないがし》ろにすると、臣下万民は主君を疎《うと》むので、必ず家を失い、滅んでしまう。（中略）真の威厳というものは、まず、自身の行儀を正しくし、理非や賞罰を明確にすれば、強《し》いて人を叱《しか》り、あるいは喝《おどす》ことをせずとも、臣下万民は敬い畏《おそ》れて、上を侮り法を軽《かろ》んずる者はいなくなって、自《おの》ずと威厳は備わるものなのだ」

現代の〝上司〟にとっても、耳の痛い言葉だが、官兵衛の挙げた〝威厳〟は、そのニュアンスが多様であった。

――ここに、築城にかかわる挿話がある。

工事用の材木をたびたび盗んだ者が、ついに捕らえられ、官兵衛の前に引き据えられてきた。官兵衛は家臣や大工の前で、その盗人を罵倒し、

「その罪は打ち首に値する」

と、厳しく言い放った。

家臣は刑の執行まで、とこの盗人を檻に入れておく。

ところがその後、いっこうに主君から死刑執行の命令がこない。

そこで家臣が、お伺いを立てたところ、平素、家臣を叱ることの少ない官兵衛が、珍しく声を荒《あら》らげて怒鳴った。

慈しみをもって部下に接した

「馬鹿者、人の生命《いのち》の尊さを知らぬのか！」

官兵衛は、理非賞罰を明らかにすることこそ、大将たる者の心得としていたが、そこには人間に対する尊厳という、同時代の武将には稀有な心情、温かさがあった。否、戦国期、苦労しながら立身し、名を成した武将は、人を殺害することが少なかった、と理解すべきかもしれない。

材木を盗んだ罪は罪で、その量刑を家臣や領民の前に明白にするのは領主としての役目である。が、それは刑の執行そのものとは、おのずと別問題である、と官兵衛はいう。彼にいわせれば、刑の執行を催促するほどであれば、今度だけは赦《ゆる》してやってほしい、となぜ頼みにこないのか、というのが怒りの根源、心底であったろう。

家臣・領民に対する慈しみの深さこそが、官兵衛の統率の基本にあったといっていい。彼は戦国乱世にあって、ただの一度も、盗人《ぬすっと》を死罪に処したことはなかった。

その晩年、彼は子孫に七ヵ条からなる訓戒を残したが、なかでも次の二ヵ条は家臣団統率術の要諦として、治世、統率そのものの極意ともいえるのではあるまいか。

一、神の罰《ばつ》（罪やあやまちに対するこらしめ）より、主君の罰おそるべし。主君の罰より、臣下、万民の罰おそるべし。
一、政道に私《わたくし》なく、その上、我が身の行儀作法を乱さずして、万民の手本と成るべし。

慶長九年（一六〇四）三月二十日、稀代の策士は山城国伏見（現・京都市伏見区）で、この世を去った。五十九歳。実に、見事な生涯であった。

部下の延命のために潔く腹を切った

吉川経家《きっかわつねいえ》

Profile

①天文16年（1547）～天正9年（1581） ②35歳 ③石見吉川家（石見国福光城主）の吉川経安の子。 秀吉に攻略された鳥取城に城番として首桶持参で入城。秀吉の鳥取城兵糧攻めにより切腹 ④石見国福光城（現・島根県） ⑤円護寺（現・鳥取県鳥取市）

責任を取るということ

戦国武将・吉川《きっかわ》式部《しきぶ》少輔《のしょう》経家《つねいえ》は、乱世の中に一輪咲いた〝武士道の華〟として、後世、その死に際の潔さで、名を残した稀有な人物といえよう。

彼は石見国は福光《ふくみつ》城（現・島根県大田《おおだ》市）の城主・吉川経安の嫡子に生まれた。が、覇王・毛利元就《もとなり》の中国経営の一策から、その次男元春《もとはる》の吉川本家への養嗣子入りに伴い、経家も〝大毛利〟の一翼を担うこととなる。

天正八年（一五八〇）閏三月《うるう》、織田信長は多年にわたって苦しめられてきた摂津（現・大阪府北部と兵庫県南東部）の大坂本願寺を降伏させるや、すぐさま本州最後の強敵・毛利氏と決戦すべく、部将・羽柴《はしば》（のち豊臣）秀吉に命じて、播磨《はりま》（現・兵庫県南西部）・備前から、さらに進軍して山陰の但馬・因幡《いなば》（現・鳥取県東部）を抜くよう、厳命を下した。

秀吉は主君信長の期待に報《こた》えて快進撃をつづけ、山名豊国《やまなとよくに》の守る因幡鳥取城へと、攻略の穂先を進める。豊国は抗しきれずとみたのか、自ら秀吉の軍門に下った。

ところが、山名家の老臣・中村春次、森下道与《どうよ》らは、主人豊国の行動に納得せず、援軍を吉川元春のもとに求め、徹底籠城の挙に出た。

元春は、この要請を承諾。吉川一族の勇将・経家に、急ぎ鳥取城へ出向き、

部下の延命のために潔く腹を切った

この城を死守することを命じた。

天正九年三月、自らの首桶を背負って入城した経家の指揮は、さすがに巧知に長《た》け、さしもの秀吉軍も攻めあぐね、戦局は膠着《こうちょく》状態のまま年越となる。

そこで秀吉は、その前に落とした三木城と同様、二万を越す大軍を動員し、鳥取城を幾重にも包囲、兵糧の道を遮断して、敵の戦闘意欲が消耗するのを計った。それでもなお城兵は、数ヵ月の籠城に耐えたが、待ち望む援軍は来ず、兵站の跡絶《とだ》えた城内の飢餓は深刻化し、ついには死者の肉まで喰うという、地獄図が展開されるに至った。

この惨状を憂えた経家は、使者を秀吉のもとに遣わし、自らの生命《いのち》と引き替えに、城兵らを助けてくれるように、と交換条件を提示した。

秀吉はこの潔い敵将の志を喜び、経家自身も城外に退去するように、との返答を送っている。

しかし、経家は武士の面目にかけて、それを拒絶した。

十月二十五日、城内の将兵と、秀吉から贈られた酒と肴《さかな》で酒宴を催し、今生《こんじょう》の別れを交わすと、経家は身を浄め、好みの萌黄《もえぎ》の袷《あわせ》を着て広間に移り、腹の底からの大笑いを二つ三つあげ、具足櫃に腰をかけるや、大音声《だいおんじょう》を張り上げて、

「これ（切腹）ばかりは内々に稽古もできず、さぞかし無調法な切りざまであろうよ」

と、秀吉からの検使に述べると、悠々と腹を切り、介錯を受けた。

享年は、三十五であったという。

経家は切腹の直前、主家筋の吉川経言《つねこと》（元春の次男）や実父経安《つねやす》に遺書を認《したた》めているが、そこには毛利家の役に立てて死ねる喜びが、綿々と綴《つづ》ら

れており、いかにも戦国時代の武将らしい、一徹なまでに潔い態度がうかがえて、今日になおその人柄をあますところなく伝えている。

首実検をした秀吉ですら、

「あわれ義士かな」

と、涙を浮かべたほどであったという。

戦国時代、将の将たる者は部下のために腹を切った。自己の責任を全うした、といえる。

ところが昨今――正しくは、第二次世界大戦後――自らの責任、出処進退に厳しい国家、企業の責任者は、本当に少なくなった。

すべての責任がトップである自分にある、との明解な理《ことわり》を忘却してしまったのだろうか。

秀吉と家康の間で生き恥をさらした

織田《おだ》信雄《のぶかつ》

Profile

①永禄元年（1558）～寛永7年（1630）②73歳 ③信長次男。大和国宇陀郡、上野国甘楽郡などで5万石を領有。秀吉からの移封命令を拒否し、領地没収。大坂冬の陣で豊臣方につかず、大名に復帰 ④伊勢国大河内城（現・三重県）、尾張国清洲城（現・愛知県）⑤大徳寺（現・京都府京都市）

優柔不断の恐ろしさ

信長の次男・織田信雄《のぶかつ》（のぶお、とも）は、大いに当てがはずれて困惑《こんわく》していた。父・信長と長兄の信忠《のぶただ》が、二人揃って本能寺の変で倒れ、己れこそが次の織田家の相続人だと思い込んでいたところが、信雄は三法師《さんぼうし》（のちの秀信・信長の直孫）の後見人にまつり上げられてしまった。

秀吉と家康の間で生き恥をさらした

落胆したが、仇敵・明智光秀を討った功労者の羽柴（のち豊臣）秀吉は、

「三法師君《ぎみ》は乳飲《ちの》み子《ご》であり、天下はあなたのものだ」

と囁《ささや》いた。

信雄はその言葉を信じ、異母弟の信孝《のぶたか》を擁《よう》した織田家筆頭家老・柴田勝家が、秀吉と対決したおりも、秀吉を支持し、ついには信孝に腹を切らせている。ところが、勝家を討滅した秀吉は上洛し、従四位下に叙せられ、参議《さんぎ》となり、ついには公卿《くぎょう》となってしまった。

「これはもしかすると、欺《あざむ》かれたのではあるまいか」

信雄も、まんざらのお人好《よ》しではない。

ようやく秀吉が、織田家の天下を横領しようとしていることに気がついた。己れの血脈に加え、尾張に百万石を領有していた信雄は、これをもって、自分には秀吉と天下の覇権《はけん》を争う資格がある、と錯覚《さっかく》したようだ。

とはいえ、〝天下分け目の戦い〟をやり抜く大将の才覚が、己れにはないことは、さすがに信雄は自覚していた。そこで、かつての父の同盟者・徳川家康を味方陣営に引き込む。

家康は、織田家中が信長の遺産相続争いに明け暮れているのを幸いに、ひたすら自領拡張に打ち込み、いつしか甲斐・信濃を新たに加え、五ヵ国百二十万石余に及ぶ大版図《はんと》を築くにいたっていた。

秀吉にとっては当然、信雄より家康が手強《てごわ》かった。正面から戦って、負けるとは思わない。が、戦えばその分、天下平定は十年以上も遅れるにちがいなかった。

天正十二年（一五八四）三月七日、家康は大軍を率いて浜松城を出陣した。秀吉は出遅れる。同十三日、家康は信雄の尾張清洲《きよす》（清須）城に入ると、四日後には秀吉方の池田《いけだ》勝入斎《しょうにゅうさい》（恒興《つねおき》）、森《もり》武蔵守長可《ながよし》らの軍勢を、容易

秀吉と家康の間で生き恥をさらした

に撃破してみせた。

秀吉がようやく大坂を離れたのは、三月二十一日。このとき家康は、濃尾平野の拠点・小牧山を占拠し、陣地の構築も終えていた。四里（約十六キロ）後方には、後詰めの清洲城がある。

秀吉は正面からの激突を避け、途方もない野戦の城塁《じょうるい》を築いた。

膠着状態になりかけたころ、前哨戦で家康勢に敗れた池田勝入斎が、家康の本拠三河を長駆、奇襲するという、途方もない大作戦を進言、なかば無理やり秀吉から許可をとった。もとより家康は、この動きを見逃さない。小牧山本陣をひそかに脱して、敵の奇襲部隊を逆に急襲した。四月九日、家康は森武蔵守、池田勝入斎を討《う》ち取り、局地戦ながら秀吉に勝利する。

さて、秀吉はどうしたか。手ごわい家康を無視し、動きの鈍い信雄を立ち枯れにする戦法をとった。百万石の領土のうち、瞬《またた》く間《ま》に六十万石程度をおさえ、信雄方の諸将を籠絡。ついには、信雄に単独講和を結ばせることに成功した。

家康は戦闘（battle）には勝ちながら、同盟者の信雄に見捨てられたのだから、結果的に戦争（war）で秀吉に敗れた印象を、天下に晒《さら》したことになる。組んだ相手が劣悪すぎた。小牧・長久手の戦いを経て、秀吉は関白《かんぱく》となり、ついに家康をも屈服させ、天下統一をなし遂げる。

信雄は一度、所領を没収され、配流《はいる》となり、のちに大坂冬の陣において豊臣秀頼に招かれたが、大坂城に入城したものの、身の危険を察知して遁《とん》走《そう》し、結果として家康から五万石を与えられた。この男には、身の丈《たけ》にあった石高であったといえよう。

寛永七年（一六三〇）四月三十日、信雄はこの世を去ったが、ほとんど世上の話題にはならなかった。享年は七十三である。

自己鍛錬を怠って〝権威〟を持てなかった織田信長の息子

織田信孝《おだのぶたか》

Profile

①永禄元年（1558）～天正11年（1583）②26歳 ③信長三男。伊勢国の名門・神戸氏の養子。信長後継・三法師の後見。美濃国54万石を拝領。兄信雄に岐阜城を攻められ自害 ④伊勢国神戸城（現・三重県）、美濃国岐阜城（現・岐阜県）⑤鶴林山無量寿院大御堂寺（現・愛知県美浜町）

天下が取れなかった理由

順当な次兄信雄の評価に比べて、後世、不当に貶《おとし》められているのが、織田信長の三男・信孝《のぶたか》であった。

彼は決して、いわれるような凡夫ではない。

「思慮あり、諸人に対して礼儀正しく、又大なる勇士である」（『耶蘇《やそ》通信』）

と宣教師ルイス・フロイスなどは、高く評価している。

実は、弘治四年（一五五八）正月に生まれた信孝は、二十日遅くに生まれた信雄《のぶかつ》の〝兄〟であった。にもかかわらず、信孝は信長の三男の地位を与えられた。なぜか。信雄の母（生駒の方）は弘治三年（一五五七）生まれの長兄信忠《のぶただ》、永禄二年（一五五九）生まれの長女五徳《ごとく》と同じであったのに比して、信孝の母の身分が低かったためだ、と伝えられている。

十一歳で北伊勢の名門・神戸具盛《かんべとももり》の養嗣子となった信孝は、ほどなく家督を相続。成人してからは信長の遊撃軍団を率い、天正十年（一五八二）五月には四国方面軍司令官に任じられた。副将・丹羽長秀（事実上の司令官とも）らを従え、総勢一万四千の軍勢集結を待ち、四国へ渡る準備をしているところへ、本能寺の変が急報された。六月二日のことである。

動転しながらも信孝は、大坂城に戻ると光秀の女婿・津田信澄《のぶずみ》（従兄弟にあたる）を討ち果たした。信孝は慎重にならざるを得ない。父の弔《とむら》い合戦をやりとげた血脈者が、次の天下の権を手にすることができるのであるから。長兄信忠は、父の横死した同じ日に、二条第《だい》（御所）で戦死を遂《と》げていた。光秀の兵力は一説に一万六千。しかし、信孝の実兵力は本能寺の変を知った兵二千が逃亡、一万二千となっていた。

後継者のライバルとなった信雄は、このとき本領の伊勢松ヶ島城にあった。すぐさま応援を要請したが、信雄の動きは鈍《にぶ》い。

そこへ秀吉が、二万五千の兵力をもって、〝中国大返し〟を見事にやってのけ、旋風《つむじかぜ》を巻いて光秀を討つべく尼崎へ着陣してくる（十一日）。

信孝は当初、秀吉の指揮下に入ることを潔《いさぎよ》しとしなかったが、織田家の重臣・丹羽長秀らの説得をうけ、不承不承《ふしょうぶしょう》、山崎の合戦に参戦した。名目上の総大将である（実際の総指揮権は秀吉）。

戦後、信孝は京都の混乱を鎮静化する大役をこなし、織田家の家督相続を決する清洲会議では、筆頭家老の柴田勝家に「御覚え御利はつ」と次兄の信雄を差し置いて、後継主君に推されている。が、秀吉の巻きかえしにより、信忠の遺子・三法師にその座は奪われてしまった。

ただし、三法師の成人するまでは、信孝こそが天下人との見方も相当に広がっており、美濃一国の主となった信孝の、去就《きょしゅう》に天下の耳目《じもく》は集まった。

彼は当然のごとく勝家と組み、天下人の地位を僭上《せんじょう》しはじめた秀吉と、実力で対決する道を選択した。しかし、北国を勢力下に持つ勝家は雪に閉ざされて動けず、その間に秀吉に岐阜城を攻められた信孝は、抗戦しきれず一度は和睦を結んでいる。これが、生命《いのち》取りとなった。

勝家の進軍に呼応して再び挙兵したものの、賤ヶ岳の戦いで勝家が敗れてのち、信孝は信雄の命令を名目に切腹させられ、この世を去ってしまう。享年二十六。

信孝の無念の最期は、経営者——なかでも二代目、三代目と呼ばれる人々に、重大な事項を語りかけている。なぜ、信孝は天下が取れなかったのか。信長の三男としての地位＝「権力」に恵まれながら、信孝は自己を磨くという鍛練《たんれん》を怠《おこた》っていた。

換言すれば、人格に結びつく「権威」を、高める努力を見縊《みくび》っていた、としか言いようがない。もし信孝が信雄を立て、宿老の間を積極的に調停し、織田家の大同団結を大義名分に働きかけていたならば、秀吉もおいそれとは天下を取れなかったはずだ。権力を志向しながら、一方の権威を見落としたことこそが、信孝の敗因であったように思われてならない。

もっとも、古来よりこの種の失政者は、それこそ数限りなく存在したが。

己れの〝読み〟に生涯を賭けた

福島正則《ふくしままさのり》

Profile

①永禄4年(1561)〜寛永元年(1624) ②64歳 ③幼少よりの豊臣秀吉の小姓。賤ヶ岳の七本槍。伏見城普請を担当。正則死後、幕府検視を経ず遺体を火葬したことなどにより福島家は改易 ④尾張国清洲城(現・愛知県)、安芸国広島城(現・広島県) ⑤梅洞山岩松院(現・長野県小布施町)

関ヶ原の先にあったもの

慶長五年（一六〇〇）七月二十二日、徳川家康の上杉景勝《うえすぎかげかつ》討伐の命令に従い、福島正則《ふくしままさのり》は下野《しもつけ》の小山《おやま》（現・栃木県小山市）に着陣した。同月二十四日夜、石田三成《いしだみつなり》たちが家康討伐のために挙兵したことが伝えられる。

諸侯の間に、動揺が広がった。

己れの〝読み〟に生涯を賭けた

このまま家康につき従うということは、豊臣家＝主君秀頼に弓を引くことになりはしまいか。大坂に残してきた、妻や子（人質）はどうなるのか、諸侯の困惑は深かった。そうした中で、評定が開かれる。

このとき、重々しい沈黙を薙《な》ぎ払うように、最初に発言に立ったのが、亡き秀吉子飼の猛将・福島正則であった。

「この度の上方における挙兵は、三成らの策謀《さくぼう》によるものであり、秀頼公にはなんら関係のないこと。それがし、内府《ないふ》（家康）どのに荷担《かたん》つかまつる」

諸将の間に、声にならない安堵《あんど》の雰囲気が広がった。

正則の戦歴は、豊臣家中で古く、石高も尾張清洲二十四万石と高い。なによりも彼は、秀吉の母方の従兄弟であった。その正則の発言によって、家康は諸将を味方につけ得たといえる。

――ところで、ここにいたって正則の評価が、二つに分れた。

多くの史家は、正則の発言は事前に家康から依頼されてのもの――黒田《くろだ》長政《ながまさ》を経由――と見た。他方、正則は委細承知のうえで、己れの〝読み〟に基づき、積極的に自らの意思で発言した、とする解釈もあった。

後者をとる人は少ないが、筆者はこれまで、その立場にたってきた。

正則という武将は、幼少の頃から秀吉の小姓《こしょう》として仕えている。

やがて、秀吉が柴田勝家と戦った賤ヶ岳の合戦では〝七本槍〟の筆頭に数えられ、それまでの家禄五百石は、いきなり五千石となり、二年後には従五位下左衛門大夫《さえもんたいふ》となっている。破格の昇進、といってよい。

その後も伊予国（現・愛媛県）に十一万三千二百石、朝鮮出兵後には二十四万石となっている。正則の豊臣家に対する報恩の念は、他のいかなる大名よりも厚かったであろう。

その彼があえて、家康側についた一因は、母親がわりに己れの面倒をみてくれた秀吉の正室・北政所《きたのまんどころ》＝おね、が、家康を支持したことが挙げられた。

加えて正則は、豊臣政権内の文治派＝三成らを討滅し、五大老筆頭の家康を担ぐことで、自分たち武断派も参加し得る、次代の豊臣政権の運営を、夢見ていたのではあるまいか。

関ヶ原の合戦において、正則は東軍の先鋒として働き、多大な犠牲を払いながらも、群を抜いた活躍をしている。戦後、論功行賞の結果、彼は清洲二十四万石から、いきなり安芸広島四十九万八千二百石に栄転した。

正則の〝読み〟は、一見、当たったかのように思われた。が、残念ながら歴史的にみた場合、はずれたといわざるをえない。豊臣家のみならず、己れの家も、江戸期を存続し得なかったのだから。

関ヶ原の戦いののち、正則は、誕生した徳川幕府の中の一大名として豊臣家を残そうと考えた。しかし、摂津・河内・和泉などに六十五万石の一大名になっても、豊臣家はあくまでも天下人としての権威に執着してしまう。

慶長十九年（一六一四）から翌元和元年（一六一五）にかけての、大坂の陣で家康は、正則を江戸に足止めし、豊臣家を急ぎ滅ぼした。

元和五年に福島家は、城を無断修築したことを咎められ、信濃川中島四万五千石に減封となり、正則は信濃高井郡高井野村（現・長野県上高井郡高山村）に蟄居《ちっきょ》させられる。その五年後の寛永元年（一六二四）七月十三日、彼は六十四歳でこの世を去った。

正則の〝読み〟は、はずれた。だが、同時進行で動く〝歴史〟の実体を考えれば、あながちこの人物の失敗を、これみよがしに責めることもできまい。

「論功」と「行賞」の違いにこだわった

真田信之《さなだのぶゆき》

Profile

①永禄9年（1566）〜万治元年（1658）②93歳 ③真田昌幸嫡男。信濃松代藩初代藩主 ④信濃国上田城・同国松代城（ともに現・長野県）、上野国沼田城（現・群馬県）⑤真田山長国寺（現・長野県長野市）

人を使う妙法

真田信之《のぶゆき》は、その実弟・信繁《のぶしげ》（俗称は幸村《ゆきむら》）の劇的な活躍が目立ちすぎ、どちらかといえば地味な扱いを受ける武将だが、あの乱世を生き抜き、結局、真田家を明治まで伝えた手腕は、決して侮《あなど》れないものをもっていた。

その信之が、関ヶ原の戦い、大坂の陣を回想して、

「金銀は思いきって使わなければ、いざという時、将士はいうことをきかぬものであった」

と、述べたくだりがある。

とくに「論功」においては、即決性が重要だった、とも。

名将と呼ばれる武将は、その点、さすがに手抜かりがなかった。

将士が合戦に武功をあげると、時を移さずその場で功績を褒め、下し物を与えたエピソードは、それこそ枚挙《まいきょ》に遑《いとま》がない。馬や冑、太刀、金銭、それらがないときには、自らが着ていた陣羽織を脱いでさえ、功臣に与えた大将はいた。

「あとでより正しい論功を――」

と考えても、この即決性を持たねば、部下の将士はなかなか納得しないし、やる気を起こさないものだ。

「論功」と「行賞」の違いにこだわった

「大将」は素直に、己れの感激、感謝を形にすることが求められた。

正規の「行賞」は、幹部以下スタッフの検討をへて、全体から不平・不満のでないように配慮し、のちに正確に論定する必要があった。

その場で与える物品は、この論定を急ぎ、誤らないことの方便でもあったわけだ。

なぜならば、「大将」は総じて奮闘《ふんとう》した部将、必死の活躍をした将士に、ややもすれば大盤ぶるまいに及ぶことが少なくない。これを阻止《そし》する意味合いも、実は大きかった。

——真田信之が、嗣子の河内守信吉《のぶよし》を誡《いまし》めた話が伝えられている。

大坂の陣において、信之は信吉を代理として出陣させた。

自身が出陣しなかったのは、実弟の信繁（俗称・幸村）が大坂方にあったため、家康にあらぬ嫌疑《けんぎ》をかけられることを避けたからである。

信吉の代理出陣でも、周囲は天下に響いた真田武士——武功に問題はなく、各々の持ち場で活躍している。

問題が起きたのは、夏の陣が終わってからのことであった。

信吉が凱旋《がいせん》して父・信之にいうには、

「（家臣の）鎌倉伊右衛門は比類なき働きをし、その身に深手を負い、半死半生になりました。その家来も、三人討死しております。ぜひ、加増してやりたいと思いますが——」

伊右衛門の生命《いのち》懸けの働きに、信吉は心底、感動していたようだ。

すると、それを聞いた信之は、ハラハラと涙を落としたという。怪訝《けげん》な顔をする信吉に、父はいった。

「其方《そのほう》その程《ていど》の不詮議《ふせんぎ》（中途半端な判断力）にては、家は立間敷《たつまじき》ぞ」

（『名将言行録』）

信之のいい分は、こうである。

確かに、伊右衛門は比類なき働きをしたかもしれない。が、勝負は敵に劣ればこそ、大怪我をしたとも解釈できる。敵を討ってその首級《みしるし》をあげられず、家の者を三人まで討死させ、いったいどこに功名があるというのか。

「負軍《まけいくさ》の彼者《あのもの》（伊右衛門）に加増遣《つか》はし、今度高名の者共には、何を遣はし申《もうす》べきや。皆皆加増せば、上田・沼田にては残らず（所領を）呉《く》れても不足なるべし」（同上）

信吉は信之の言葉に、一言もなかったという。

部下の働きに対する感動・感謝と、その論功行賞を混同してはならない、と歴戦の智将はわが子に諭《さと》したかったのだろうが、このことは、現在の企業社会にもそのまま当てはまるような気がする。

実績のなさで進言を容れられず涙した名将

真田信繁《さなだのぶしげ》

Profile

①永禄10年(1567)～慶長20年(1615) ②49歳 ③真田昌幸次男。大坂冬の陣では真田丸（出城）を築き、徳川方に圧勝。夏の陣では家康本陣まで攻め込むも、追い詰められて自害 ④信濃国上田城(現・長野県)、紀伊国九度山村(現・和歌山県)、摂津国大坂城(現・大阪府) ⑤龍安寺塔頭大珠院(現・京都府京都市)

勝敗を決する重要な条件

歴史の世界には、本人が一度も名乗ったことのない諱《いみな》（実名）を、その死後、勝手につけられてしまう可哀想《かわいそう》な人物がいる。

たとえば、大坂の陣で活躍した知謀の将・真田信繁《さなだのぶしげ》である。

なぜか彼は、「幸村」とされてしまった。

実績のなさで進言を容れられず涙した名将

武田信玄（晴信《はるのぶ》）に仕え、のちに関ヶ原の戦いを含め二度までも天下無敵といわれた、徳川の軍勢を打ち破った真田昌幸《まさゆき》は、わが子の諱《いみな》に主君晴信の〝信〟の一字をもらいうけ、長子を信幸《のぶゆき》（のち信之《のぶゆき》）、次男を信繁と名乗らせた。

それが江戸の元禄時代（一六八八〜一七〇四）に書かれた、『真田三代記』（著者不詳）で「幸村」と誤述され、大正元年（一九一二）に世に出た立川《たつかわ》（たちかわ、とも）文庫の猿飛佐助の登場と共に、「幸村」は世上に定着してしまう。

慶長五年（一六〇〇）九月――世にいう〝天下分け目〟の関ヶ原の戦いが勃発した。この時、昌幸は信繁を連れて、西軍へ荷担。信幸は徳川家の重臣・本多忠勝の娘を妻としていたため、東軍へと参加する。

信州上田（現・長野県上田市）の城砦を、手勢二千余で固めた昌幸父子の許へ、徳川秀忠《ひでただ》率いる徳川家の主力三万八千が進軍してきた。

帰順を勧告する徳川方に、時間稼ぎをしたあげく、ゲリラ戦で開戦・抗戦。昌幸は彼らの不意を突き、結局は三万八千を関ヶ原へは行かせず、しばらくの間、自領に釘づけとした。

殊勲《しゅくん》大の昌幸父子ではあったが、肝心の関ヶ原は西軍の敗北となった。東軍の信幸が、自身の戦功と引きかえに父と弟の助命を乞い、二人は高野山へ追放となる。

紀州（現・和歌山県と三重県の一部）の九度山《くどやま》へ隠棲した昌幸は、慶長十六年に六十五歳で病没。この臨終のおり、信繁は父より対徳川戦における、大坂方の必勝法を授《さず》けられていた。

が、昌幸は信繁の実績のなさを危《あや》ぶみ、

「名顕《あら》ハレザレバ良策ナリトモ用イラレズ」（『名将言行録』）

実績のなさで進言を容れられず涙した名将

といい、自分ならば大坂方の総大将にも迎えられるであろうが、若いお前ではそれが叶うまい、といい残すのであった。

三年後、風雲は急を告げ、信繁は九度山を脱出、大坂城へ入城した。

軍議の席上、彼は関東勢の機先を制して、秀頼自らが旗を天王寺にすすめ、兵を山崎に出し、別働隊で大和路を攻め、さらに伏見城を奪取して京へ火を放ち、宇治・勢多に拠って西上する東軍を迎え撃つ策を進言する。

この作戦は、亡き昌幸が授けたもので、もし実行され、緒戦で勝利を重ねれば、あるいは大名家からも大坂方に与《くみ》する者が出たかもしれない。きわめて、有効性の高いものであったといえる。

ところが秀頼の近臣たちは、己れの未熟さを棚に上げ、信繁の実績のなさを挙げつらい、「若い」と一蹴すると、籠城戦を議決してしまう。

皮肉にも、一方の徳川方では、信繁の実力を察知しており、しきりと勧誘したが、信繁はついに応じなかった。

冬の陣が籠城と決するや、信繁は難攻不落と謳われた、巨城の唯一の弱点、南方に出丸＝〝真田丸《さなだまる》〟を築き、ついに関東勢を城に寄せつけることはなかった。

やがて、上層部は信繁に相談することもなく、徳川家康との和睦を選ぶ。家康の目的が、豊臣討滅以外のなにものでもない、と断じる信繁は、和睦の誓書交換時に家康の虚を衝き、夜襲を仕掛けるべく献策するが、またしても秀頼やその近臣の容れるところとはならなかった。

そして間もなく、夏の陣が再発する。

すでに大坂城は内外の堀を家康の謀略で埋められ、裸も同然となっていた。信繁は敵の総大将家康の生命《いのち》のみを狙って、決死の突撃を敢行する。

「彼処《かしこ》に顕《あらわ》れ、此処《ここ》に隠れ、火を散じて戦いけり。聚合離散《しゅうごうりさん》の形勢、須臾《しゅゆ》に（ゆるゆる）変化して、前にあるかとみれば、忽焉《こつえん》、後にあり」
（『難波戦記《なにわせんき》』）

が、ついに彼も力尽きる時が来た。疲労困憊の中で、戦死。享年は四十九歳であったという。

信繁の若さゆえの無念は、今日においても形をかえ、実績のなさ、キャリア不足といった形で、ビジネスの社会にもくり返されているように思われてならない。いかがなものであろうか。

〝恩〟と〝義〟に徹した生涯不敗の名将

立花宗茂《たちばなむねしげ》

Profile

①永禄10年（1567）？～寛永19年（1642）②76歳？③大友氏重臣。筑後柳河藩初代藩主。関ヶ原の戦いは西軍。改易後、家康の御書院番頭。陸奥国棚倉を拝領。大名復帰。旧領の筑後柳河藩を拝領 ④筑前国立花城・同国岩屋城（ともに現・福岡県）、筑後国柳河城（現・福岡県）⑤福巌寺（現・福岡県柳川市）

不敗の哲学とは

日本史上の奇蹟の一つに、戦国武将・立花宗茂《たちばなむねしげ》の返り咲きをあげることができる。

十六歳の初陣以来、この人物は生涯に渡って、ただの一度も、自ら指揮した戦いで敗北を喫したことがない、との輝かしい戦歴をもっていた。

〝恩〟と〝義〟に徹した生涯不敗の名将

宗茂の実父・高橋鎮種《たかはししげたね》（紹運《じょううん》）は、九州制覇をもくろむ全盛期の大友宗麟《おおともそうりん》を支えた重臣であり、敵味方の心理を読みとる名人でもあった。

その血を受け継ぐ宗茂は、天正九年（一五八一）十月、十三歳のおりに同じ家中の重鎮・戸次鑑連《べっきあきつら》（俗称・立花道雪《どうせつ》）の養子となったが、この養父も生涯に三十七度の戦《いくさ》をおこない、一度も敗れたことがない、との歴戦の勇将であった。

さしずめ宗茂は、二人のすぐれた父から、武将としての英才教育を施されて育ったことになる。

自らの切支丹改宗の結果、大友家が衰退し、弱気になった主君宗麟は、自ら大坂に向かい豊臣秀吉に臣属を誓うが、このおりに秀吉が条件としたのが、宗茂を豊臣家の直参とすることであった。それほどの価値を、この若者はすでに十八歳にして持っていたのである。

その後、宗茂は九州征伐で卓越した殊勲を立て、天下人秀吉をして、「その忠義、鎮西《ちんぜい》一。その豪勇、また鎮西一」と激賞せしめ、筑後柳河（現・福岡県柳川市）に十三万余石をあたえられる大名に出世した。

朝鮮の役においても、宗茂が指揮した合戦では、三千の立花勢が明《みん》軍三十万を切り崩したという、信じられないような快挙が、『天野源右衛門覚書』には記録されている。

——彼の武名は、天下に轟いた。

〝天下分け目〟の関ヶ原の直前——宗茂は家康陣営から執拗に味方へ、と誘われたが、亡き秀吉への義理立てから、宗茂は西軍に荷担する。

そして彼は、自らが参加した大津城攻撃を指揮し、みごと開城させることに成功した。ところが、肝心の関ヶ原の合戦で、宗茂不在の西軍は東軍に完敗を喫してしまった。

宗茂は常勝の自軍を率いながら、大坂城での徹底抗戦を主張するが、周囲にはついに容れられない。

失意のまま国許へ引きあげた彼は、東軍・加藤清正の親身の忠告に従い、戦わずして城を明け渡すことにする。戦えば損害が大きい、との清正の読みであったという。

興味深いのは、それからの宗茂であった。これが尋常ではない。

無敵ゆえに、数多《あまた》あった仕官話にどれ一つ乗ることもなく、京都で牢人生活を楽しんでいたかと思うと、彼は江戸に出て、徳川家からわずかに五千石の口がかかると、その申し出をすんなり受けた。

人々が訝《いぶか》っていると、やがて奥州棚倉《たなくら》（現・福島県東白川郡棚倉町）で一万石となり、さらに元和六年（一六二〇）十一月には、十一万石余で旧領柳河の領主に復帰するという、離れ業《わざ》を演じることにつながった。

三十二歳で柳河を立ち退いてから、実に二十年目の帰国となる。

なぜ、このような返り咲きが可能であったのだろうか。宗茂はあくまでも、己れの実力を信じて疑わなかった。では、その信念の拠り所はなんであったのだろうか。

当時の雑記は、宗茂奇蹟の返り咲きを、温順で寛厚《かんこう》(寛大で手厚い、心が広く親切である)、人徳があって驕《おご》ることのない、その人柄に求めた。

功があっても自慢せず、家臣にそれらを譲り、自他共に奢侈《しゃし》を禁じ、民には〝恩〟を与え、将士を励ますには〝義〟をもってあたった。

そこに宗茂の強さの秘訣があった、と見ていたようである。

寛永十九年(一六四二)十一月二十五日、七十六歳(あるいは七十四歳)で永眠。時代は三代将軍家光《いえみつ》の時世となっていた。

❖加来耕三の戦国武将ここ一番の決断〈参考文献・自著及び監修・編著〉

『黒田官兵衛　軍師の極意』　小学館・小学館新書　二〇一三年
『織田信長・明智光秀事典』　東京堂出版　二〇一一年
『徳川三代記』　ポプラ社　二〇一一年
『直江兼続と関ヶ原の戦いの謎〈徹底検証〉』　講談社・講談社文庫　二〇〇八年
『戦国武将の生命懸け損益計算書　人生の岐路に彼らはどう対処したか』　土屋書店・知の雑学新書　二〇〇七年
『「風林火山」武田信玄の謎〈徹底検証〉』　講談社・講談社文庫　二〇〇六年
『山内一豊の妻と戦国女性の謎〈徹底検証〉』　講談社・講談社文庫　二〇〇五年
『前田利家　不倒の武将　かぶき者から偉大な創業者へ』　ベストセラーズ・ベスト新書　二〇〇二年
『信長の謎〈徹底検証〉』　講談社・講談社文庫　二〇〇〇年
『細川家の叡智　組織繁栄の条件』　日本経済新聞社　一九九二年
『豊臣秀吉大事典』　監修　新人物往来社　一九九六年
『現代語訳　名将言行録　軍師編』　編著　新人物往来社　一九九三年
『現代語訳　名将言行録　智将編』　編著　新人物往来社　一九九三年
『現代語訳　武功夜話　秀吉編』　編著　新人物往来社　一九九二年
『現代語訳　武功夜話　信長編』　編著　新人物往来社　一九九一年

著者略歴

加来耕三（かく・こうぞう）

歴史家・作家。1958年大阪市生まれ。奈良大学文学部史学科卒。同大学文学部研究員を経て、著述活動に入る。『歴史研究』編集委員、中小企業大学校などの講師を務め、テレビ・ラジオ番組の監修、出演など多方面に活躍している。
近著に、『卑弥呼のサラダ 水戸黄門のラーメン 「食」から読みとく日本史』（ポプラ社・ポプラ新書）『家康はなぜ、秀忠を後継者にしたのか　一族を繁栄に導く事業承継の叡智』（ぎょうせい・第14回ほんづくり大賞受賞）ほか多数。監修に、『日本武術・武道大事典』（勉誠出版）などがある。

加来耕三の
戦国武将ここ一番の決断

著　者：加来　耕三

2015年12月28日　初版 第一刷

発行者：田仲 豊徳

発行所：株式会社 滋慶出版／つちや書店
〒150-0001
東京都渋谷区神宮前3-42-11
電話03-5775-4471
http://tuchiyago.co.jp

印刷・製本：日経印刷株式会社

定価はカバーに記載してあります。
落丁・乱丁本は小社にお送りください。
送料小社負担にてお取り替えいたします。